2019年主题出版重点出版物
"十三五"国家重点出版物出版规划项目
新时代马克思主义经典文献精学导读丛书　主编/顾海良

《国家与革命》精学导读

刘　军◎著

科学出版社
北京

内 容 简 介

《国家与革命》是最集中、最完整论述马克思主义国家学说和革命理论的著作，对世界社会主义革命和国家建设产生了重大影响。本书再现《国家与革命》的写作背景和过程，系统分析"前身、主体和续篇"构成的宏大文本群结构，完整阐述马克思列宁主义关于国家的产生、实质、消亡，以及社会主义革命等重大问题的基本思想和观点，深入剖析经典作家对机会主义、无政府主义等错误思潮的深刻批判。同时，全面梳理《国家与革命》在中国的传播和影响，科学阐发其在新时代的重要价值和意义。

该书适合广大马克思主义理论工作者、党政干部和青年大学生阅读。

图书在版编目（CIP）数据

《国家与革命》精学导读 / 刘军著. —北京：科学出版社，2019.11

（新时代马克思主义经典文献精学导读丛书/顾海良主编）

"十三五"国家重点出版物出版规划项目

ISBN 978-7-03-063503-7

Ⅰ.①国⋯ Ⅱ.①刘⋯ Ⅲ.①《国家与革命》-列宁著作研究 Ⅳ.①A821.25

中国版本图书馆 CIP 数据核字（2019）第 260860 号

责任编辑：刘英红 / 责任校对：贾娜娜
责任印制：赵 博 / 封面设计：润一文化

科学出版社 出版
北京东黄城根北街16号
邮政编码：100717
http://www.sciencep.com

天津市新科印刷有限公司 印刷
科学出版社发行 各地新华书店经销
*

2019年11月第 一 版　开本：720×1000　1/16
2023年10月第二次印刷　印张：11 1/2
字数：114 000

定价：35.00 元
（如有印装质量问题，我社负责调换）

丛书编委会

主编：顾海良

成员：（以姓氏拼音字母为序）

艾四林　陈锡喜　丰子义　李佑新

刘　军　佘双好　孙蚌珠　孙代尧

孙来斌　孙熙国　王　东　王宏波

王树荫　肖贵清　徐俊忠　张雷声

总　　序

"新时代马克思主义经典文献精学导读"是根据新时代学习马克思主义经典著作的需要,对各主要的经典著作所蕴含的马克思主义基本原理及其精神实质作出学习和研究性导读。

马克思主义基本原理是马克思主义的理论精粹,体现了马克思主义的根本性质和整体特征,体现了马克思主义立场观点方法的核心要义,体现了马克思主义科学性、人民性、实践性和时代性的思想特征。习近平总书记指出:"掌握马克思主义,最重要的是掌握它的精神实质,运用它的立场、观点、方法和基本原理分析解决实际问题。"① 在坚持和发展中国特色社会主义中,我们说"老祖宗"不能丢,在根本上就是马克思主义基本原理不能丢。

马克思主义基本原理深刻地蕴含于马克思主义经典著作之中;马克思主义经典著作是马克思主义基本原理的思想本源和理论基础。同时,马克思主义经典著作也蕴藏着马克思主义经典作家汲取人类探索真理的丰富的思想成果,深刻展现了马克思主义经典作家攀登科学高峰、矢志追求真理的精神境界。深入研读马克思主义经典著作是理解和掌握马克思主义基本原理

---

① 习近平:《中国共产党 90 年来指导思想和基本理论的与时俱进及历史启示》,《学习时报》2011 年 6 月 27 日。

的必修课,也是理解和掌握马克思主义理论体系的基本功。如习近平总书记所指出的:"共产党人要把读马克思主义经典、悟马克思主义原理当作一种生活习惯、当作一种精神追求,用经典涵养正气、淬炼思想、升华境界、指导实践。"①

"马克思主义就是我们共产党人的'真经','真经'没念好,总想着'西天取经',就要贻误大事!"②在提到学习《共产党宣言》的重要意义时,习近平总书记提出:"广大党员、干部特别是高级干部要学好用好《共产党宣言》等马克思主义经典著作,坚持学以致用、用以促学,原原本本学,熟读精思、学深悟透,熟练掌握马克思主义立场、观点、方法,不断提高马克思主义理论素养。"③理论联系实际,在深化马克思主义经典著作研究阐释中,"推进经典著作宣传普及,让理论为亿万人民所了解所接受,画出最大的思想同心圆。"④

"新时代马克思主义经典文献精学导读"对各经典著作的研究阐释,由北京大学、中国人民大学、北京师范大学等高校马克思主义学院从事马克思主义经典著作教学和研究的学者担纲。在对各经典著作的研究阐释中,首先力求对各经典著作形成的社会和历史条件作出准确解读,凸显相应的马克思主义基

---

① 《十九大以来重要文献选编》上,中央文献出版社2009年版,第434页。
② 《习近平关于全面从严治党论述摘编》,中央文献出版社2016年版,第66页。
③ 习近平:《中国共产党是〈共产党宣言〉精神忠实传人》,《人民日报》2018年4月25日。
④ 习近平:《深刻感悟和把握马克思主义真理力量 谱写新时代中国特色社会主义新篇章》,《人民日报》2018年4月25日。

总　序

本原理形成和发展的思想基础和理论背景；其次力求对各经典著作理论内涵和精神实质作出系统导读，彰显新时代学习和实践相应的马克思主义基本原理的理论意义和现实意义；最后力求对经典著作中体现的科学原理和科学精神相结合的思想特征作出全面论述，更为深刻地理解"历史和人民选择马克思主义是完全正确的，中国共产党把马克思主义写在自己的旗帜上是完全正确的，坚持马克思主义基本原理同中国具体实际相结合、不断推进马克思主义中国化时代化是完全正确的"[①]。

"要以科学的态度对待科学，以真理的精神追求真理，不断赋予马克思主义以新的时代内涵。"[②]习近平新时代中国特色社会主义思想就是当代中国马克思主义，就是21世纪马克思主义。学习马克思主义经典著作，要同学习习近平新时代中国特色社会主义思想结合起来。在这一结合中，更为深刻地理解习近平新时代中国特色社会主义思想，更有定力、更有信心，也更加自觉、更加自信地坚持和发展新时代中国特色社会主义，确保中华民族伟大复兴的巨轮始终沿着正确航向破浪前行。

顾海良

2019年11月1日

[①]《十九大以来重要文献选编》上，中央文献出版社2009年版，第427—428页。
[②] 习近平：《深刻感悟和把握马克思主义真理力量　谱写新时代中国特色社会主义新篇章》，《人民日报》2018年4月25日。

目 录

第一章 写作背景与准备过程 ………………………… 1
 一、帝国主义的时代背景 ………………………… 2
 二、以机会主义为代表的各种理论纷扰 ………… 7
 三、俄国革命的严峻形势 ………………………… 12
 四、理论准备与实践反思 ………………………… 18

第二章 框架结构与逻辑关系 ………………………… 25
 一、《国家与革命》的宏大文本群 ……………… 25
 二、《国家与革命》的"前身" ………………… 33
 三、《国家与革命》的"主体" ………………… 39
 四、《国家与革命》的"续篇" ………………… 47

第三章 国家理论的集大成者 ………………………… 51
 一、国家的产生 …………………………………… 51
 二、国家的实质 …………………………………… 56
 三、国家的消亡 …………………………………… 60
 四、共产主义及其阶段 …………………………… 64

第四章 革命及其经验总结 …………………………… 72
 一、1848—1851 年革命的经验总结 …………… 72
 二、1871 年巴黎公社的经验总结 ……………… 78

三、国家与暴力革命 ·· 84
四、革命与无产阶级专政 ·· 89

第五章　对各种错误思潮的批判 ································ 96
一、对无政府主义的批判 ·· 96
二、对普列汉诺夫机会主义的批判 ······························ 108
三、对考茨基机会主义的批判 ···································· 117

第六章　在中国的传播与影响 ·································· 131
一、在中国的主要版本与传播情况 ······························ 131
二、新民主主义革命、社会主义革命和建设时期的
　　影响 ··· 138
三、中国特色社会主义建设时期的影响 ························ 143

第七章　在新时代的价值和意义 ································ 148
一、推进马克思主义时代化、中国化 ··························· 148
二、推进国家治理体系和治理能力现代化 ····················· 156
三、抵制错误思潮，坚守马克思主义意识形态高地 ········ 161
四、全面从严治党，加强执政党建设 ··························· 167

第一章　写作背景与准备过程

　　1917年8—9月，在十月革命爆发前夕，列宁撰写了《国家与革命》一书。如何正确把握列宁写作此书的背景与缘由？结合《国家与革命》的写作时间和副标题——"马克思主义关于国家的学说与无产阶级在革命中的任务"，我们可以看到，列宁写作此书的时代正是帝国主义战争与无产阶级革命的时代。在这个时代，国家问题成为正确理解帝国主义战争和无产阶级革命的核心问题。"只有马克思和恩格斯，没有列宁，不写出《两个策略》等著作，就不能解决一九〇五年和以后出现的新问题。单有一九〇八年的《唯物主义和经验批判主义》，还不足以对付十月革命前后发生的新问题。适应这个时期革命的需要，列宁就写了《帝国主义论》、《国家与革命》等著作。"[①] 在《国家与革命》的第一版序言中，列宁从帝国主义战争、国际无产阶级革命中得到启示，从各种流派纷扰以及俄国革命的经验总结和理论反思等多方面阐述了写作此书的背景和缘由。

---

　　① 《毛泽东文集》第8卷，人民出版社1999年版，第109页。

《国家与革命》精学导读

一、帝国主义的时代背景

19世纪末20世纪初,资本主义发展到帝国主义新阶段。在列宁看来,帝国主义不仅是"资本主义发展的继续"①,更是无产阶级社会主义革命的前夜。在帝国主义时代,国家的本质、职能以及阶级关系都发生了一些新的变化。因此,列宁在《国家与革命》第一版序言开篇之处便指出,"国家问题,现在无论在理论方面或在政治实践方面,都具有特别重大的意义"②。

1. 帝国主义战争改变世界局势

1914年夏,第一次世界大战爆发,资本主义大国展开正面较量。列宁认为:"帝国主义是发展到垄断组织和金融资本的统治已经确立、资本输出具有突出意义、国际托拉斯开始瓜分世界、一些最大的资本主义国家已把世界全部领土瓜分完毕这一阶段的资本主义。"③列宁指出:帝国主义在经济层面表现为垄断主义——以卡特尔、托拉斯等企业为基本单元实现产业资本和银行资本的联合,垄断资本主义的结果是生产集中、经济与政治紧密结合,从而造成世界经济发展不平衡态势加剧;帝国主义在政治层面表现为经济控制政治,国家成为官僚军事机器,

---

① 《列宁全集》第29卷,人民出版社2017年版,第479页。
② 《列宁全集》第31卷,人民出版社2017年版,第1页。
③ 《列宁全集》第27卷,人民出版社2017年版,第401页。

第一章 写作背景与准备过程

控制着本国和他国命脉,企图主导世界。

第一次世界大战本质上是当时的资本主义强国发展到帝国主义阶段,为了争夺世界霸权和殖民地而展开的斗争。随着资本主义发展,发达的英、法、德等国的国内生产过剩,纷纷将目光投向非资本主义国家和资本主义欠发达地区,争夺海外市场以保持本国资本主义高速发展。但是在19世纪末20世纪初,帝国主义瓜分殖民地、争夺世界市场的自由战役基本进入尾声,紧随其后的是强国间固有矛盾冲突和世界霸权争夺的集中爆发。德国与法国自普法战争以来积怨已久,俄罗斯帝国与奥匈帝国在巴尔干半岛领土争端问题上也互不相让,英国为了维护本国的地位对欧洲大陆新起大国虎视眈眈。同盟国和协约国的战争,表面上看是各国利益的争夺,本质上是资产阶级革命后帝国主义国家的一次综合国力较量。

帝国主义战争使俄国等资本主义尚未成熟的国家爆发关乎生存的巨大危机。英、法、德、美等国较早开始工业革命且工业革命成果显著,军事武装和综合国力在参战国中遥遥领先。与此相对,俄国等非资本主义国家或资本主义尚未成熟的国家在帝国主义瓜分殖民地的狂潮下直接面对着来自资本主义强国的冲击。俄国自一战开战以来连连失利,巨大的军事耗费严重影响本国经济发展,加之连年征战,农田荒置,工业减产,经济实力连年衰退。面对经济实力雄厚、军事工业发达的资本主义国家,非资本主义国家和资本主义尚未成熟的国家内部统治根基不稳,国内民生凋敝,民众反抗运动频频爆发,一时间寻求改革和革命成为世界各国发展的必然趋势。

2. 资产阶级民主革命成为世界潮流

帝国主义的时代主题,在经济基础层面主要表现为第二次工业革命,在上层建筑层面主要表现为资产阶级民主革命。面对帝国主义侵扰和资产阶级政治家们的宣传鼓动,摆在列宁面前的问题是俄国是否应该进行资产阶级民主革命以及如何展开资产阶级民主革命。

资产阶级赞扬工业革命带来了巨大的文明福利,他们认为资产阶级工业革命是近现代历史上提升强国综合国力的主要手段,极力否认马克思恩格斯在19世纪提出的阶级矛盾尖锐论。自16世纪末尼德兰革命以来,荷兰与英国率先完成了资产阶级革命,自此,欧洲大陆各国纷纷效仿完成资产阶级革命。以英国为首的资产阶级国家迅速利用航海优势展开海外殖民贸易,并充分利用本国国情进行资本原始积累,在资产阶级政权统治下完成第一次工业革命和第二次工业革命。进入18世纪中叶,瓦特改良的蒸汽机解放了劳动者双手,极大提高了社会生产力,及时满足了殖民扩张和圈地运动带来的国内外市场需求,并有效解决了与此相伴的劳动力集中于城市的问题。一个世纪之后,实验室中进行的科学革命在极短的运作周期内成为工业生产的直接推动力,科学技术发展直接促进了生产力的跨越式发展,人类从蒸汽时代进入电气时代。工业革命与资产阶级革命相辅相成,在短短的两百年间迅速使英、法、德、美等国经济生产

第一章 写作背景与准备过程

总量占据世界各国榜首，综合国力遥遥领先。在此背景下，阶级矛盾隐匿在生产力飞跃发展的外表下。

资产阶级鼓吹民主共和、自由平等理念，资产阶级民主共和制成为近现代各国政治体制改革的主要目标。资本主义国家经济迅速发展的最主要原因，就是拥有稳定的、以各种手段发展国内商业的统一资产阶级政权。封建君主碍于商业会撼动封建统治根基，不会举国发展海外贸易，进行资本原始积累。但资产阶级政权下的国家则不同，统治阶级性质决定了少数掌权阶级的利益与国家经济状况一荣俱荣，一损俱损，因此统治阶级不遗余力为商业发展保驾护航。在此历史背景下，启蒙运动中卢梭、伏尔泰、孟德斯鸠等人提出的自由、平等、民主理念成为人民脱离封建统治后的诉求，这同时也是商人发展商业所必需的护身符，更是统治阶级向人民宣扬的新世界观。无论君主立宪还是民主共和，新政体相比封建君主制优势突出，更符合生产力发展的历史要求，世界各国纷纷复制资产阶级国家分权、选举、民主的政治模型，以期走上独立自主、富国强兵之路。

然而，这一人类文明进步的成果在当时只能成为少数资本主义国家独享的特权，仍未进行资产阶级改革的国家碍于封建势力等因素无法分享这一进步成果。以俄国为例，彼时俄罗斯民族一直沉浸在自己是拜占庭帝国正统后裔的自大情绪中，全然没有意识到这两百年间自己缺席工业革命对俄罗斯帝国来说意味着什么。1861年，沙皇亚历山大二世从欧洲留学归来，废除农奴制。俄国贵族的资产阶级改良运动由于时机并不成熟等一系列原因，无法获得民众支持，并未将俄国真正引上强国之路。十二月党人的悲剧和1905年尼古拉二世的血腥镇压，昭示着没有跟上资产阶级革命步伐的俄罗斯帝国再一次与近代强国之列失之交臂。1893年，列宁初登俄国政治舞台。彼时国家处于极端落后状态，列宁并没有盲目跟从世界强国潮流，而是首先分析俄国国情。列宁认为俄国村社经济不同于资产阶级革命前的欧洲封建地主经济，农民已被资本主义经济冲击从而分裂为无产者和有产者，国家压迫劳动者，俄国国情并不适合进行资产阶级民主革命，走资本主义发展道路。

3. 世界各国无产阶级政党崛起

资本主义国家先后展开第一次工业革命和第二次工业革命，劳动生产力获得极大提升。与此同时，资产阶级和无产阶级的矛盾愈发变得尖锐对立、不可调和。无产阶级为了维护自身权益，自发或有组织地形成或大或小的工人联合体。随着阶级矛盾的固化和无产者境遇日趋贫困，部分工人组织转变为独立的无产阶级政党，登上国内政坛乃至世界舞台为无产阶级发声。

无产阶级政党早期源于欧洲，与马克思主义的产生和发展相伴而生。最早的工人政治团体伦敦工人协会产生于1836年。1847年，在马克思和恩格斯的领导下，无产阶级国际组织共产主义者同盟成立。虽然共产主义者同盟随后不久解散，但马克思主义的影响力自此发扬至各国的无产者中间。1864年，国际

第一章 写作背景与准备过程

工人联合会即第一国际在马克思的组织下成立，这是无产阶级首次在马克思主义和国际主义的双重影响下建立起跨国的无产阶级联合组织。自此，国际范围内无产者不仅意识到彼此境遇相似，更意识到反抗也应在国际范围内联合起来才有希望。随后，1869年，德国社会民主工党成立。1879年，法国工人党成立。欧美各国纷纷出现了工党和共产党，可惜的是，它们并未成为本国之中主导性的政党。

1898年，普列汉诺夫领导的俄国社会民主工党成立。1903年俄国社会民主工党第二次代表大会召开，该党内部分裂为列宁领导的多数派布尔什维克和少数派孟什维克。1912年俄国社会民主工党第六次代表大会召开，列宁领导的布尔什维克成为独立的马克思主义政党。为了领导即将到来的革命，布尔什维克亟须正确的理论和实践指导。

二、以机会主义为代表的各种理论纷扰

自19世纪末起，一批自称为马克思主义者的理论家由于各种原因放弃坚持马克思主义，转而企图通过非马克思主义的理论混淆视听。列宁称这些机会主义者为"动摇于改良主义和马克思主义之间的人"，以普列汉诺夫、考茨基、司徒卢威等为主要代表。这些人在国家观和革命理论等方面，歪曲马克思主义的国家和革命理论，给无产阶级革命运动带来极大危害。面对机会主义的理论纷扰，列宁需要正本清源，重塑马克思主义的

国家与革命理论。

1.现代机会主义的代表人物与观点

现代机会主义者的代表人物考茨基不赞成无产阶级在俄国通过暴力革命建设社会主义国家。第一,考茨基提出"超帝国主义论",认为帝国主义并非是垂死和腐朽的,而是当垄断走向世界托拉斯时,世界就进入了消灭战争、实现持久和平的新纪元,主张在社会主义国家实行所谓"纯粹民主"和"自由、平等、博爱",并将这一思想连同对十月革命的批判一起清楚地表达在1918年写作的小册子《无产阶级专政》中。第二,考茨基在无产阶级是否应该打碎国家机器这一问题上并未坚持马克思主义,而只是留下一句"关于无产阶级专政问题,我们可以十分放心地留待将来去解决"[1]。考茨基将"无产阶级革命"偷换为"无产阶级制度",始终认为不破坏国家机器也能夺取政权,却从未明确指出时下俄国的具体出路。第三,考茨基将工人代表组成的"某种类似议会的东西"等同于官僚机构,而这正是马克思恩格斯所反对的措施。马克思恩格斯曾在《哥达纲领批判》和《法兰西内战》等一系列著作中反对该措施,考茨基的观点无疑是历史的倒退。

无政府主义者普列汉诺夫在国家建设应采取何种方式的问题上暴露了机会主义的倾向。普列汉诺夫曾作为俄国最具权威的马克思主义者之一,在与无政府主义者的论战中对国家建设

---

[1]《列宁全集》第31卷,人民出版社2017年版,第102页。

第一章 写作背景与准备过程

问题态度暧昧不明,并未明确坚持马克思主义的无产阶级专政和阶级斗争,因此列宁批评其"不理会马克思主义在公社以前和以后的全部发展,那就必然会滚到机会主义那边去"①。

俄国合法马克思主义者口头上打着马克思主义旗帜却实际维护资产阶级统治。这一派理论源于伯恩施坦在《社会主义的前提》中将马克思主义批判为"布朗基主义",这一批判后被俄国机会主义者用来批判布尔什维克。伯恩施坦的修正主义以庸俗进化论代替革命的辩证法,忽视马克思揭示的剩余价值规律,竭力掩盖帝国主义矛盾,反对阶级斗争和无产阶级专政,主张以改良方式走向社会主义。俄国的合法马克思主义者和经济派沿袭伯恩施坦的修正主义成为机会主义者。

2. 马克思恩格斯对机会主义的批判

对于各种机会主义和修正主义的歪曲,马克思恩格斯在世的时候就对其进行过严肃的、针锋相对的批判。正如恩格斯所言,机会主义的主张,从根本上讲,就是"为了眼前暂时的利益而忘记根本大计,只图一时的成就而不顾后果,为了运动的现在而牺牲运动的未来"②。

1875年,马克思撰写《哥达纲领批判》,对德国社会主义工人党提出的纲领草案提出批评,批判德国社会主义工人党内的机会主义。马克思严厉批判拉萨尔机会主义,批判其"不折

---

① 《列宁全集》第31卷,人民出版社2017年版,第100页。
② 《马克思恩格斯文集》第4卷,人民出版社2009年版,第414页。

《国家与革命》精学导读

不扣的劳动所得"和"铁的工资规律"等一系列谬论,指出劳动者的劳动产品在社会主义阶段必须先做出各项社会扣除,然后才能在劳动者之间依照按劳分配的原则分配消费资料;工资也并非劳动的价值或价格,而只是劳动力的价值或价格的掩蔽形式。拉萨尔主义推崇的和平斗争的方式不但违背了马克思主义,而且不会得到任何期许的结果。

1891 年,恩格斯为再版的《法兰西内战》撰写"导言"。在"导言"中,为了肃清第二国际中机会主义之风,恩格斯以巴黎公社为例,重申工人阶级要获得自身解放,必须建立工人阶级政党,建立自己的军队,用武装的革命反对武装的反革命。无产阶级革命取得胜利后,绝不能简单地掌握现成的国家机器,而必须将旧国家机器打碎。《法兰西内战》中还反对将工人代表组织等同为官僚体系,马克思恩格斯认为工人代表由选举产生,可随时罢免,且报酬不得高于工人工资,所有人都执行监督和监察职能,以此避免其成为少数官僚的专利。

1891 年,恩格斯撰写了《爱尔福特纲领草案批判》,批驳了"和平进入社会主义"的谬论。19 世纪 40 年代,德国的卡尔·格律恩等"真正的"社会主义者们以"博爱"和"人道"作为社会主义的基础,主张和平实现社会主义,反对所谓的共产主义的"横蛮破坏"。19 世纪末,德国社会民主党内部"和平进入社会主义"的机会主义之风盛行。恩格斯撰文坚决捍卫马克思主义关于无产阶级革命和无产阶级专政的学说,抨击当时德国社会民主党内的机会主义倾向,尤其是集中地批判了"和平进入社会主义"的谬论。

3.列宁与现代机会主义的本质分歧

马克思恩格斯去世后,随着资本主义进入帝国主义阶段,各种机会主义者又纷纷登场,鼓吹他们的论调。列宁接过了马克思主义的大旗,对各种机会主义者的错误观点进行批判。列宁与俄国现代机会主义者们最根本差异在于如何理解阶级斗争和无产阶级专政的必要性和国家存在的意义,以及如何理解新型民主、新型国家的问题。列宁与机会主义者们的分歧和论证成为列宁思考如何建立无产阶级国家的重要依据,也是《国家与革命》写作的重要来源。

首先,列宁坚决捍卫阶级斗争和无产阶级专政的合法性。面对部分俄国人主张所谓民主共和、和平夺取政权的观点,列宁直击要害,指出这一观点的虚伪本质——"民主共和国是走向无产阶级专政的捷径。因为这样的共和国虽然丝毫没有消除资本的统治,因而也丝毫没有消除对群众的压迫和阶级斗争,但是,它必然会使这个斗争扩大、展开、明朗化和尖锐化,以致一旦出现满足被压迫群众的根本利益的可能性,这种可能性就必然通过而且只有通过无产阶级专政即无产阶级对这些群众的领导得到实现"[①]。在列宁的论述中,是否承认阶级斗争、是否承认无产阶级专政,是辨别真假马克思主义者的标尺,"只有承认阶级斗争、同时也承认无产阶级专政的人,才是马克思主

---

① 《列宁全集》第31卷,人民出版社2017年版,第67页。

义者"①。

其次,列宁明确指出帝国主义是资本主义的最高阶段。列宁反对考茨基为资本主义国家辩护的"超帝国主义论"。1916年,列宁撰写《帝国主义是资本主义的最高阶段》,揭示出帝国主义是资本主义发展到特定历史阶段的产物,其特征在于资本主义强国瓜分世界,它不仅无法实现世界各民族的共同发展,而且会加剧国际不平等和阶级矛盾,"根据以上对帝国主义的经济实质的全部论述可以得出一个结论,即应当说帝国主义是过渡的资本主义,或者更确切些说,是垂死的资本主义"②。列宁在揭示了帝国主义真正的丑陋面目后,宣告了无产阶级在帝国主义时代的历史使命,明确宣布"帝国主义是无产阶级社会革命的前夜"③。

三、俄国革命的严峻形势

列宁写作《国家与革命》,是出于俄国革命的现实需要。俄国革命的历史经验与教训,尤其是俄国无产阶级革命的严峻形势,是列宁写作《国家与革命》的直接历史背景。

1. 1905—1917年俄国政治与经济形势

要全面把握俄国革命的历史背景,必须回溯到1905年革

---

① 《列宁全集》第31卷,人民出版社2017年版,第32页。
② 《列宁全集》第27卷,人民出版社2017年版,第437页。
③ 《列宁全集》第27卷,人民出版社2017年版,第330页。

第一章 写作背景与准备过程

命。1905年,以日俄战争失利为导火索,俄国民众或有组织或无组织地展开数次恐怖攻击、罢工、农民抗争、暴动等事件。这次革命,由于缺乏科学的纲领和正确的政党引导,最终被沙皇尼古拉二世镇压。1906年,俄国沙皇成立国家杜马立宪议会,罗曼诺夫王朝得以苟延残喘。1907年7月,俄国社会民主工党第三次代表会议作出的决议指出:决定俄国革命的基本原因依然存在,国内政治制度和经济发展的要求的极不适应,农民的破产、无产阶级贫困的加深以及失业现象仍然存在,因而,革命的客观历史任务还没有解决,而同时革命力量也没有被彻底破坏。

1914年,第一次世界大战爆发,俄国卷入其中。战争耗费严重,致使国内经济脆弱,俄国农业、工业严重减产。因战争需要大量农业生产劳动力进入战场,田地荒芜,农业产量迅速缩减。据统计,男丁应征入伍使得农村男性劳动力减少47%,粮食产量下降25%。国家工业全线受阻,交通运输量因战争受到较大影响。西伯利亚、里海等地的粮食无法及时运送至前线和大城市,不仅彼得格勒、莫斯科和其他重要城市粮食储备匮乏,连前线部分伤兵也领不到足额粮食和纱布。工业方面,俄国战争期间虽然军工生产增速明显,但民用生产率仅为40%。由于缺乏燃料、原料,高炉停火,许多工厂不得不关闭,比如彼得格勒在1916年有20%的织机不能开工。

国内民众反抗运动频发,民众因战争拖垮民生和沙皇统治无能而纷纷起义反抗。1912年罢工人数达72.5万人,1913年达 88.7 万人。一战爆发后,很多人在战争中断送生命、受伤致残或死于瘟疫,难民人数多达 300 万。与此同时,政府为了维持战争继续增加军费开支,不惜高举内债、滥发纸币,迫使老弱妇孺进入工厂完成军工生产。政府不但没有及时改善困境,反而变本加厉恶化矛盾,反对饥饿、反对战争和反对沙皇制度的起义愈演愈烈。

政权动荡不安,政府扬汤止沸。1914 年至 1916 年三年内,政府 4 次更换内阁总理,6 次更换内务大臣,频频撤换陆军、外交、农业、司法等重要职位大臣。政府面对国内形势推出的各项举措对缓解国内压力、解决国内矛盾、安抚国民情绪几乎没有实质性作用,政府作为不过是扬汤止沸,矛盾的根源在于沙皇统治已不适用于俄国发展的实际情况。

早在 1903 年,列宁在俄国社会民主工党第二次代表大会上就意识到民族问题的重要性,因此坚决维护马克思主义无产阶级国际主义原则,认为俄国的民族问题与反沙皇的民主革命、反帝国主义革命是一体的。从列宁的早期著作中不难发现,他很早就开始研究俄国现状,批判自由主义和民粹主义,提出无产阶级革命任务,较早为俄国发展指明了道路。

2. 二月革命后俄国临时政府的更迭

《国家与革命》写于 1917 年十月革命前夕,彼时俄国正处于二月革命后临时政府不断更迭之中,政治理论与实践的交锋是列宁反思国家理论并撰写《国家与革命》的重要原因。1917

第一章 写作背景与准备过程

年初,由于民众不满迟迟无法得到缓解,革命一触即发。俄历二月,俄国国内发生大规模工人罢工运动,工人再次遭遇镇压后并未放弃,在布尔什维克领导下由罢工运动转而发动武装起义。此时身在国外指挥前线战争的沙皇尼古拉二世下令军队反击,不料军队同样加入起义大军,联合通电要求沙皇退位。尼古拉二世无奈之下让位给弟弟米哈伊尔,弟弟不日也宣告退位。自此,二月革命使历史悠久的罗曼诺夫王朝正式结束。

俄国从封建王朝统治解放出来以后,出现两个政权并存的局面——苏维埃政权和资产阶级临时政府。苏维埃政权在二月革命前拥有广泛的工人群众基础,在孟什维克和社会革命党的带领下开始筹划一系列改革事宜,而布尔什维克则在其中不受重用;另一政权是临时政府,其中有较多领导者原为保皇党,但在二月革命成功后摇身一变成为反封建的资产阶级革命势力。两个政权政见相左,并立不合。虽然苏维埃政权掌握着武装力量和国家要害部门,但是俄国是当时资本主义国家中小资产阶级最多的国家,当大批无产阶级身在一战前线或被流放时,在国内具有经济影响力且内部力量稳固的资产阶级才是真正的实际掌权者。由于孟什维克认为俄国应该先进行资产阶级革命,因此支持资产阶级临时政府,以致将政权最终交给资产阶级。

随着一战战和问题的升温,两个政权内部分裂为多个持有不同意见的党派。在战和问题上,社会民主党逐渐分裂为拥护民粹主义的孟什维克和拥护人民民主专政的布尔什维克。社会

革命党也相应分裂为主流派和左派。社会革命党主流派和孟什维克达成一致,要求继续战争直到胜利;而少数左派社会革命党则和布尔什维克达成一致,要求尽快停战签订和约。各派观点争论不休,临时政府内部政权在多次选举更换临时政府要职的会议中纷乱动荡,但主要话语权仍掌握在资产阶级和孟什维克手中。

3. 无产阶级政党内部国家理念冲突

二月革命后,无产阶级中社会革命党与孟什维克拥有相当政治话语权,布尔什维克受到冷落。但随着列宁等布尔什维克党人的回归,布尔什维克更加坚定地指出社会革命党和孟什维克路线方针的错误,从而在无产阶级内部的影响力逐渐回稳。社会革命党、孟什维克和布尔什维克作为无产阶级政党内部有分歧的三方,在如何理解现代国家意义这一问题上产生分歧。具体而言,对于俄国是否应该建立议会制和如何走议会制道路、要不要无产阶级专政这两个问题上产生巨大分歧。列宁对这两个问题的研究和思考是《国家与革命》的主体内容。

在议会制问题上,资产阶级主张制宪议会,孟什维克主张"二次革命",认为俄国应该先完成资产阶级民主,而以列宁为首的布尔什维克主张摆脱议会制,把代表机构变为实干机构,立法与行政相统一,痛击资产阶级民主是清谈,应该直接实行无产阶级民主制。"没有代表机构,我们不可能想象什么民主,即使是无产阶级民主;而没有议会制,我们却能够想象和应该

第一章 写作背景与准备过程

想象,除非我们对资产阶级社会的批评是空谈,除非推翻资产阶级统治的愿望不是我们真正的和真诚的愿望,而是像孟什维克和社会革命党人,像谢德曼、列金、桑巴、王德威尔得之流的那种骗取工人选票的'竞选'词句。"①列宁在4月回归后写下《四月提纲》,强调应当使国家政权转移到无产阶级和贫困农民手中,为布尔什维克党提出了从资产阶级民主革命过渡到社会主义革命的基本路线和行动计划。《四月提纲》既抨击了孟什维克的机会主义倾向,又为二月革命后无产阶级的出路指明了道路。

1917年9月,列宁针对俄国现状撰写了《大难临头,出路何在?》这一篇革命性短文。列宁认为,决定战争的社会性质和它的真正意义的根据是看战争是由哪一个阶级为了什么目的而进行的。"用民主共和的管理形式代替君主制的管理形式,丝毫也不会触动资本主义剥削制度的经济本质。"②俄国连年征战导致民生凋敝、经济落后、军工受损,民主共和的道路根本无力挽救这样的民族灾难。俄国彼时最需要解决的问题是消除灾难、战胜饥荒,列宁指出应该"由国家实行监督、监察、计算和调节,在产品的生产和分配中正确调配劳动力,爱惜人民的力量,杜绝力量的任何浪费,节约力量。监督,监察,计算,——这就是消除灾难和战胜饥荒的首要办法"③。

---

① 《列宁全集》第31卷,人民出版社2017年版,第45页。
② 《列宁全集》第32卷,人民出版社2017年版,第185页。
③ 《列宁全集》第32卷,人民出版社2017年版,第182页。

1916年列宁写下《无产阶级革命的军事纲领》，回应俄国无产阶级革命是否能够成功的质疑。列宁指出，"资本主义的发展在各个国家是极不平衡的。而且在商品生产下也只能是这样。由此得出一个必然的结论：社会主义不能在所有国家内同时获得胜利。它将首先在一个或者几个国家内获得胜利……"[①]这一观点就是著名的"一国胜利论"，它无论从理论还是实践层面都取得了巨大突破，其后革命事实证明了列宁思想的正确性。

四、理论准备与实践反思

《国家与革命》的写作，经历了较长的准备期。就理论渊源而言，最主要来源是马克思与恩格斯，以及俄国独特的民族文化。此外，对俄国布尔什维克革命斗争的实践反思，也是重要背景。列宁的国家理论先后受到以车尔尼雪夫斯基为代表的俄国革命民主主义思潮，以布哈林、阿多拉茨基为代表的布尔什维克主义理论以及马克思和恩格斯国家理论的影响。

1. 马克思、恩格斯的国家理论

列宁曾专门为研究马克思主义国家问题写过一本"蓝皮笔记"，即《马克思主义论国家》。这是一本比较系统的读书笔记，共48页。在笔记的19篇文献中，马克思的文献有9篇，恩格斯的有8篇；列宁为了更好地使用这个笔记本，又亲自在蓝皮封

---

① 《列宁全集》第28卷，人民出版社2017年版，第88页。

第一章　写作背景与准备过程

面上做了一个目录索引，共分 30 个条目，其中关于马克思的条目有 11 个，关于恩格斯的条目有 18 个。从以上两组数据中不难发现，马克思和恩格斯本人的思想毋庸置疑是列宁国家理论的最重要思想基底。

从总体上看，《国家与革命》沿袭了《马克思主义论国家》的内在逻辑。列宁在梳理整合马克思恩格斯国家理论的基础上，以 1848 年革命和 1871 年巴黎公社两大历史事件为例，着重分析无产阶级专政和革命夺取政权的合理性和必要性，其中多处映射有马克思与恩格斯本人著作中的重要思想。

马克思在 1843 年完成《黑格尔法哲学批判》，批判黑格尔将国家与市民社会主谓倒置。马克思在文中认为市民社会决定国家，强调市民社会是"全部历史的真正发源地和舞台"①，"在一切时代都构成国家的基础以及任何其他的观念的上层建筑的基础"②，这一理论指出市民社会是实现国家的途径，强调了市民社会的重要性，从而为无产阶级进行自下而上的革命运动和建立无产阶级国家奠定了理论基础。

在《路易·波拿巴的雾月十八日》中，马克思高度评价了法国二月革命的意义，认为无产阶级与资产阶级的矛盾已上升为社会的主要矛盾，阶级斗争是历史发展动力，无产阶级应通过革命夺取政权并取得无产阶级专政。在该文中，马克思第一次提出无产阶级革命必须打碎资产阶级国家机器。

---

① 《马克思恩格斯文集》第 1 卷，人民出版社 2009 年版，第 540 页。
② 《马克思恩格斯文集》第 1 卷，人民出版社 2009 年版，第 583 页。

《国家与革命》精学导读

巴黎公社运动失败之后,马克思撰写《法兰西内战》,全面总结了巴黎公社的战斗历程和历史经验,再次强调阶级斗争、无产阶级革命和无产阶级专政的必要性、重要性。在马克思看来,"现代工业的进步促使资本和劳动之间的阶级对立更为发展、扩大和深化。与此同步,国家政权在性质上也越来越变成了资本借以压迫劳动的全国政权,变成了为进行社会奴役而组织起来的社会力量,变成了阶级专制的机器"①。基于此,无产阶级需要以革命的方式解放自身,但是"工人阶级不能简单地掌握现成的国家机器,并运用它来达到自己的目的"②,而是需要"用他们自己的政府机器去代替统治阶级的国家机器、政府机器"③。

马克思在《哥达纲领批判》一文中反对德国社会主义工人党内的机会主义,严厉批判拉萨尔的"不折不扣的劳动所得"等一系列打着无产阶级旗号的谬论,明确规定"两个阶段",并指出在共产主义的低级阶段,劳动者的劳动产品必须先做出各项社会扣除,然后才能在劳动者之间依照按劳分配的原则分配消费资料;除此之外,无产阶级革命必须结成广泛的同盟,并且在从资本主义向共产主义阶段转变的重要历史时期坚定无产阶级专政。"在资本主义社会和共产主义社会之间,有一个从前者变为后者的革命转变时期。同这个时期相适应的也有一个政

---

① 《马克思恩格斯文集》第3卷,人民出版社2009年版,第152页。
② 《马克思恩格斯文集》第3卷,人民出版社2009年版,第151页。
③ 《马克思恩格斯文集》第3卷,人民出版社2009年版,第207页。

第一章 写作背景与准备过程

治上的过渡时期,这个时期的国家只能是无产阶级的革命专政。"①

恩格斯在《家庭、私有制和国家的起源》中以唯物主义历史观阐述人类从原始社会开始由于劳动生产率的发展,产生了私有财产,由此形成了阶级和阶级对立,使得以血缘为基础的社会被组成国家的新社会所代替。所有制是社会不同历史阶段的标志,也是社会历史更迭的重要动因。历史发展的一定阶段上,"这个社会陷入了不可解决的自我矛盾,分裂为不可调和的对立面而又无力摆脱这些对立面。而为了使这些对立面,这些经济利益互相冲突的阶级,不致在无谓的斗争中把自己和社会消灭,就需要有一种表面上凌驾于社会之上的力量,这种力量应当缓和冲突,把冲突保持在'秩序'的范围以内;这种从社会中产生但又自居于社会之上并且日益同社会相异化的力量,就是国家"②。

2. 俄国革命民主主义思想积淀

列宁在《国家与革命》中主张的俄国首先进行无产阶级革命和无产阶级专政等思想充分考虑了俄国独特国情,与列宁自小受俄国革命民主主义思想熏陶密不可分。列宁的青少年时代正是俄国民粹主义和革命民主主义盛行的时代,列宁从小受到这两种思潮熏陶。但是,事实让列宁认识清楚这并非是俄国改

---

① 《马克思恩格斯文集》第 3 卷,人民出版社 2009 年版,第 445 页。
② 《马克思恩格斯文集》第 4 卷,人民出版社 2009 年版,第 209 页。

革的有效途径。列宁在少年时代就因哥哥的影响阅读过车尔尼雪夫斯基的作品，并始终对其保持高度评价。车尔尼雪夫斯基是俄国革命民主主义代表思想家，1856年起担任进步刊物《现代人》编辑工作，是19世纪60年代反对沙皇农奴制度的代表人物和先进思想的启蒙者。车尔尼雪夫斯基青年时期就接受进步思想，较早开始学习唯物主义和空想社会主义思想，并着手研究黑格尔和费尔巴哈哲学。

  列宁在自述中提到，他在14岁、17岁时两次读过车尔尼雪夫斯基的小说《怎么办》。"在我哥哥被处死刑以后，我知道车尔尼雪夫斯基的这部小说是他最喜爱的作品之一，便认真地读了起来，并且不是用几天的时间，而是用了几个星期的时间坐下来阅读。只是在这里我才懂得了这部作品的深刻含义。这部作品在我的整个一生当中，一直给我以力量。平庸的作品是不可能产生这种影响的。"① 车尔尼雪夫斯基之所以能对列宁思想产生如此巨大影响，重要原因在于他系统阐释了唯物主义哲学和辩证法思维方式，奠定了列宁早期的马克思主义唯物史观理论基础："通过车尔尼雪夫斯基的著作，我第一次接触到哲学唯物主义。也是他第一个向我指出了黑格尔在哲学思想发展方面所起的作用，从他那里我知道了辩证法的概念，这以后在掌握马克思的辩证法时就感到容易得多了。"②

---

① 《马列著作编译资料》第17辑，人民出版社1981年版，第117页。
② 《马列著作编译资料》第17辑，人民出版社1981年版，第119页。

第一章 写作背景与准备过程

3. 俄国社会主义革命的实践反思

列宁关于国家与革命问题的思考，还来自于对俄国革命实践活动的经验总结和反思。自 1912 年列宁领导的布尔什维克成为独立的马克思主义政党之后，布尔什维克在革命实践中多次受到国内孟什维克等其他党派的攻击。列宁等人反击孟什维克和其他党派的实践斗争，以及对俄国革命的实践反思，构成了写作《国家与革命》的重要背景。

列宁领导的布尔什维克在如何处理外战与内政关系、何时建立社会主义国家以及如何建立社会主义国家等问题上与其他党派存在严重分歧。社会革命党和孟什维克认为俄国不具备直接建成社会主义国家的条件。列宁通过多次公开演讲斥责社会革命党和孟什维克的虚伪用心，多次强调"只有承认阶级斗争、同时也承认无产阶级专政的人，才是马克思主义者"[①]。列宁总结革命经验和俄国国情，认为俄国具备率先完成社会主义革命的条件，无产阶级需要通过暴力夺取政权。实践经验和论战反思也被列宁一一记录在《国家与革命》中。

布尔什维克党内领导人阿多拉茨基和布哈林的实践反思，直接影响列宁写作《国家与革命》。阿多拉茨基总结 1905 年革命实践经验，专注于系统研究国家问题，并在 1911 年完成《唯物主义国家观》。虽然这部书稿当时未能及时出版，但这部书稿曾被交给列宁审阅。列宁高度赞扬此书，也从此书中汲取了相

---

① 《列宁全集》第 31 卷，人民出版社 2017 年版，第 32 页。

当多的理论作为自己国家思想的重要基础并写在《国家与革命》中。1915年，布哈林完成学术专著《世界经济和帝国主义》，提出帝国主义时代国家职能的新扩张、新质变问题。同年出席列宁召开的俄国社会民主工党国外支部代表会议，会上坚决拥护列宁提出的对待帝国主义战争的三条根本原则。1916年发表论文《帝国主义强盗国家》，并完成《关于帝国主义国家理论》一书，布哈林在汲取希法亭《金融资本》理论基础上创造性形成国家垄断资本主义理论。该书虽发表受阻，但书中的理论对社会主义者研究和思考国家问题奠定了重要的理论基础。1916年10月，布哈林通信列宁，两人交换了关于战争与帝国主义时代下国家问题的迫切性和重要性问题的意见，布哈林指出群众在这一问题上具有不可忽视的影响力，这一观点促使列宁于1917年系统梳理国家理论并写下《国家与革命》。

列宁充分吸收了马克思主义国家理论，并以此作为自己国家观的理论基底。与此同时，列宁不断汲取国内外经验教训，结合俄国实际孕育出一套相对完整的，兼具理论与实践意义的国家思想体系。

第二章　框架结构与逻辑关系

为了全面理解《国家与革命》的框架结构与逻辑关系，我们提出"《国家与革命》的文本群"这个新的提法。在一般意义上，我们讲列宁的《国家与革命》，就是指他1917年8—9月撰写的小册子，由两版序言、六章正文和一篇跋组成。实际上，这只是《国家与革命》的狭义文本，或者称为《国家与革命》的"主体"文本。我们认为，为了全面、完整地思考国家与革命问题，列宁在不同时期撰写了《国家与革命》的宏大文本群。这一文本群除了上述"主体"外，还有"前身"（两大准备材料），以及"续篇"（包括晚年遗嘱等）。只有全面把握这一文本群，才能准确把握列宁思考国家与革命问题的宏大结构和逻辑关系。

一、《国家与革命》的宏大文本群

《国家与革命》的"主体"主要由两版序言、六章正文和一篇跋组成。其中，六章正文、第一版序言和跋，作为"第一分册"于1918年5月在彼得格勒首次出版，1919年再版时增写

《国家与革命》精学导读

了第 2 章的第 3 节和第二版序言。"国家与革命"问题是马克思主义的重要主题,也是列宁一直思考的核心问题。早在写成这本著作之前,列宁就已经开始了对这一主题的思考,这些思考见于一系列笔记和论著中,并在《国家与革命》得到集中阐发。而且,这本著作是部未写完的著作,在未完成的章节以及列宁的之后的晚年著作中,也还有对无产阶级革命、无产阶级专政以及专政后如何进行国家建设与改革的思考与论述。因此,围绕国家与革命这一主题,以《国家与革命》这一文本为"主体",包括之前的准备材料,以及晚年的一系列后续思考成果,共同构成了一个前后相继、内容丰富的宏大文本群。

列宁对国家问题进行系统研究始于 1916 年下半年,这些研究集中体现在《未写成的〈关于国家的作用问题〉一文的材料》中。这一年,列宁先后阅读了布哈林的《关于帝国主义国家理论》和《帝国主义强盗国家》,在充分研究的基础上对这两篇文章做了笔记和评注。在对国家问题的一些具体提法上面,列宁并不认同布哈林的主张,对考茨基的国家理论更是持全盘否定的态度,他计划写一篇《关于国家的作用问题》的文章,批评布哈林和考茨基的国家理论,分析国家的作用问题。这篇文章最终没有写成,不过列宁已经拟好这篇文章的提纲,即《〈关于国家的作用问题〉一文提纲》,这篇提纲被夹在《马克思主义论国家》笔记中,可以看作《国家与革命》的最初理论论纲。

1917 年 1—2 月,列宁开始更为系统地研究马克思主义的

第二章 框架结构与逻辑关系

国家观,他收集并阅读了大量材料,重点摘录了马克思和恩格斯关于国家问题的主要著作、序言和书信,翻阅研究了考茨基和伯恩斯坦等人的著作,对考茨基和伯恩斯坦等人的思想做了批评性评注。在此基础上,形成了长达48页的笔记,即《马克思主义论国家》。由于这本笔记的封面为蓝色,因此也常被称为"蓝皮笔记"。在写作《国家与革命》的过程中,列宁很大程度上参考并运用了这本笔记。可以说,"蓝皮笔记"不仅是《国家与革命》的重要准备材料和思想素材,也是《国家与革命》的雏形。

1917年3月,列宁在苏黎世获悉俄国二月革命的确切消息,在了解彼得格勒工兵代表苏维埃执行委员会和资产阶级临时政府的组成情况后,先后写了五封"远方来信"。这五封信的中心思想是无产阶级要夺取国家政权,推进无产阶级革命新阶段。远方来信的中心思想也在《国家与革命》中得到充分体现和发挥。

1917年4月,面对当时的革命形势,列宁撰写了包括《四月提纲初稿》《论无产阶级在这次革命中的任务》《论策略书》《无产阶级在我国革命中的任务(无产阶级政党的行动纲领草案)》等在内的一系列文章,这一系列文章分析、阐释了无产阶级革命的任务,明确提出俄国无产阶级应从资产阶级临时政府手中夺取国家政权,按照工兵代表苏维埃的式样建立新的国家政权。这些论述被认为是马克思主义的国家观在俄国的全新应用。

1917年"七月事变"后,列宁隐匿在俄国和芬兰边界的拉

兹里夫湖畔,从 8 月开始集中撰写《国家与革命》。这本书原计划写作七章,列宁写完了前六章的内容,并且已经拟好了第七章"1905 年和 1917 年俄国革命的经验"以及最后部分"结束语"的提纲。但是随着十月革命前形势的变化,列宁中断了写作,投身于革命运动实践,这本书成了一本未完成的著作,1918 年出版时也只出版了前六章。在书中,列宁系统地阐释了马克思主义的国家与革命学说,并集中批判了考茨基、普列汉诺夫等第二国际机会主义领袖们歪曲马克思主义国家学说的错误观点。这本著作,不仅是马克思主义国家理论的代表性著作,也是列宁本人最重要的政治学著作之一。

十月革命后,列宁在总结十月革命经验的基础上,对马克思主义国家理论进行了新的探索。1918 年 5 月,列宁撰写《论"左派"幼稚性和小资产阶级性》,批评"左派共产主义者"在国际和国内问题上的错误观点和策略,阐述了苏俄学习和利用国家资本主义政策的可能性、意义和方式。鉴于考茨基《无产阶级专政》一书对十月革命的抨击和无产阶级专政的歪曲,列宁又在 1918 年 10—11 月专门撰写了《无产阶级革命和叛徒考茨基》,系统阐释了无产阶级专政理论的基本问题,深刻揭露了考茨基的所谓"纯粹民主"的理论错误,强调坚持无产阶级专政的必要性和重要性,论证了无产阶级专政与社会主义民主的辩证关系,厘清了无产阶级专政的民主与资产阶级民主的本质区别。1920 年 4—5 月,列宁撰写《共产主义运动中的"左派"幼稚病》,总结了俄国革命和国际共产主义运动的经验教训,提

第二章　框架结构与逻辑关系

出了将十月革命的经验国际化的必要性和可能性,阐明了无产阶级革命的战略和策略原则,系统批判了"左派"幼稚病,丰富了列宁关于新型无产阶级政党的理论。

1921年开始,俄国转入社会主义和平建设时期,决定从战时共产主义政策过渡到新经济政策,列宁先后撰写《论粮食税》《新经济政策和政治教育委员会的任务》《关于司法人民委员部在新经济政策条件下的任务》《论"双重"领导和法制》等一系列著作;1922年至1923年列宁病重期间,口授形成了后来称为列宁"政治遗嘱"的三封信和五篇文章,即:《给代表大会的信》《关于赋予国家计划委员会以立法职能》《关于民族或"自治化"问题》《日记摘录》《论合作社》《论我国革命》《我们怎样改组工农检察院》《宁肯少些,但要好些》等。这些著作分析阐释了新经济政策的具体内容,探讨了如何在政治、经济、文化落后的国家建设社会主义的问题,这些思考构成了"国家与革命"宏大文本群的最后组成部分。

虽然和马克思一样,列宁仍然没有形成一部鸿篇巨制来系统详尽地论述马克思主义国家理论,但这一以"国家与革命"为主题的宏大文本群从多个角度展示出了列宁对于马克思主义国家理论的系统梳理和深入思考,特别是《国家与革命》,一直被认为是马克思主义政治学最重要、最核心的著作之一。

下表为《国家与革命》文本群简表。

《国家与革命》精学导读

《国家与革命》文本群简表

时间	篇名		主要内容	备注
1916年8月（或更早）—12月	未写成的《关于国家的作用问题》一文的材料	读尼·伊·布哈林《关于帝国主义国家理论》一文的笔记	分析、批评布哈林和考茨基的国家理论，分析国家的作用	原打算发表，但被拒稿
		对尼·伊·布哈林《帝国主义强盗国家》一文的评注		—
		《关于国家的作用问题》一文提纲		夹在《马克思主义论国家》这本笔记中
1917年1—2月	马克思主义论国家		考察马克思主义对国家的态度问题，摘录马克思和恩格斯关于国家问题的论述，对考茨基和伯恩斯坦等人的思想做了批评性评注	因笔记本封面为蓝色，故也称"蓝皮笔记"
1917年3月	远方来信	第一封信：第一次革命的第一阶段	迎接革命新阶段，夺取国家政权	只发表第一封信，第五封信没有写完，第二、三、四封信当时并未发表
		第二封信：新政府和无产阶级		
		第三封信：论无产阶级民兵		
		第四封信：如何实现和平？		
		第五封信：革命的无产阶级国家制度的任务		
		第五封：《远方来信》的要点		

第二章 框架结构与逻辑关系

续表

时间	篇名		主要内容	备注
1917年4月	四月提纲	四月提纲初稿	提出俄国无产阶级应从资产阶级临时政府手中夺取国家政权，按照工兵代表苏维埃的式样建立新的国家政权	"四月提纲"是一个总称，其思想体现在1917年4月列宁回国后所写的一系列文献中，表中所列的是部分代表性文献
		论无产阶级在这次革命中的任务（通常意义上的"四月提纲"）		
		论策略书		
		无产阶级在我国革命中的任务（无产阶级政党的行动纲领草案）		
		俄国社会民主党（布）彼得格勒市代表会议文献		
		俄国社会民主党（布）第七次全国代表会议（四月代表会议）文献		
		关于修改党纲问题的报告和关于修改党纲的决议		
1917年8—9月	国家与革命		系统阐述了马克思主义国家学说、无产阶级革命和无产阶级专政理论	在前面所列文本材料的基础上，对国家与革命问题的集中、系统化阐释
1918年5月	论"左派"幼稚性和小资产阶级性		集中批评"左派共产主义者"在国际和国内问题上的错误观点和策略	

《国家与革命》精学导读

续表

时间	篇名	主要内容	备注
1918年10—11月	无产阶级革命和叛徒考茨基	提出坚持无产阶级专政的必要性，揭露考茨基的"纯粹民主"的虚伪性，论证了无产阶级专政与社会主义民主的辩证关系	为批判考茨基的《无产阶级专政》而作
1920年4—5月	共产主义运动中的"左派"幼稚病	总结了俄国革命和国际共产主义运动的经验教训，阐明了无产阶级革命的战略和策略原则，系统批判了"左派"幼稚病	手稿上有一个副标题《马克思主义战略和策略通俗讲话的尝试》和一段献给劳合·乔治的讽刺性"献词"
1921年	论粮食税 新经济政策和政治教育委员会的任务 关于司法人民委员部在新经济政策条件下的任务 论"双重"领导和法制	分析阐释新经济政策的具体内容，探讨在落后国家建设社会主义、根除官僚主义、建立新型的民主制度等问题	1921年，苏维埃俄国开始转入和平建设时期。1921年3月，俄共（布）十大召开，决定从战时共产主义政策过渡到新经济政策
1922—1923年	给代表大会的信 关于赋予国家计划委员会以立法职能 关于民族或"自治化"问题 日记摘录 论合作社 论我国革命 我们怎样改组工农检察院 宁肯少些，但要好些	回顾俄国建设社会主义的经验教训，思考了社会主义在俄国的命运，特别是阐述了社会主义国家改革的问题	有三封书信和五篇文章，被称为列宁的"政治遗嘱"

第二章　框架结构与逻辑关系

二、《国家与革命》的"前身"

在《国家与革命》写成之前的准备阶段，最重要的准备材料是 1916 年至 1917 年写成的两份重要文献，一份是列宁于 1916 年夏天至冬天写成的《未写成的〈关于国家的作用问题〉一文的材料》，另一份是写于 1917 年 1—2 月的《马克思主义论国家》(即"蓝皮笔记")。这两份资料的大部分内容在《国家与革命》都得到进一步发挥，有些内容虽然没有体现在《国家与革命》中，但却为列宁写作《国家与革命》提供了理论准备，这两份材料可以看作《国家与革命》的"前身"。

1.《未写成的〈关于国家的作用问题〉一文的材料》

《未写成的〈关于国家的作用问题〉一文的材料》由三份材料组成，即《读尼·伊·布哈林〈关于帝国主义国家理论〉一文的笔记》《对尼·伊·布哈林〈帝国主义强盗国家〉一文的评注》以及《〈关于国家的作用问题〉一文提纲》。

1916 年夏天，布哈林写了《关于帝国主义国家理论》，列宁在读后做了笔记，即《读尼·伊·布哈林〈关于帝国主义国家理论〉一文的笔记》。列宁认为，布哈林的这篇文章中有关经济分析的部分是有价值的，但是政治部分，特别是在国家理论上，存在原则性的错误提法。列宁在笔记中标注道："关于马克思主

义者和无政府主义者在国家问题上的区别说得不正确。"①"无产阶级'建立自己暂时的行使政权的国家组织'（不清楚：'行使政权的国家组织……'对谁行使政权？对整个社会吗？对社会行使政权就是国家政权。同义叠用。同义反复）。"②

从这些笔记标记中可以看出，列宁对布哈林的一些论点提出了明确的质疑，之后，布哈林原打算在《〈社会民主党人报〉文集》上发表《关于帝国主义国家理论》，但列宁不同意刊载。1916年8月在给季诺维也夫的信中，列宁指出："布哈林的文章绝对不行。连一点'帝国主义国家理论'的影子也没有。只有关于国家资本主义发展的材料的汇编，仅此而已。"③"关于政治的部分根本没有加工好，想法不成熟，毫无可取之处。"④在笔记的基础上，列宁在8—9月给布哈林写了复信。信中直接指出了文章中"极不确切的提法"，这些不确切的提法正是在笔记中打了问号和标示黑体的地方，从中可以看出，列宁对这些问题，已经有了自己比较独到的看法。

1916年12月，布哈林又以笔名"Nota Bene"在《青年国际》第6期杂志上发表了《帝国主义强盗国家》一文。列宁读完该文后写了评注笔记，即《对尼·伊·布哈林〈帝国主义强盗国家〉一文的评注》。列宁认为，布哈林对国家问题的认识有很多错误，有些是对问题的定性错误或概念界定模糊，有些则

---

① 《列宁全集》第31卷，人民出版社2017年版，第118页。
② 《列宁全集》第31卷，人民出版社2017年版，第119页。
③ 《列宁全集》第47卷，人民出版社2017年版，第394页。
④ 《列宁全集》第47卷，人民出版社2017年版，第394页。

第二章 框架结构与逻辑关系

涉及原则性的错误。在批注笔记中,列宁在布哈林的"所谓'保卫祖国'的问题是我们时代最重要的策略问题",旁边打了"×",并评注,这"不仅是策略问题";在"国家是统治阶级的无所不包的组织"旁边评注道"不确切";在涉及社会主义者和无政府主义者对国家的态度问题时,列宁评注"不对""不完全"。

为了批评布哈林的错误,减少在国家问题上的理论混乱,列宁在1916年12月以《青年国际(短评)》为题写了一篇回应性文章。列宁在文章中指出,布哈林的错误"在社会主义者和无政府主义者对国家的态度的区别问题上(正如在一些别的问题上一样,例如关于我们反对'保卫祖国'这个口号的理由问题),Nota-Bene同志的文章(第6期)犯了很大的错误。作者想提供一个'关于一般国家的明确概念'(除了关于帝国主义强盗国家的概念之外)"[①]。"无政府主义者想'废除'国家,把它'炸毁'('sprengen'),像Nota-Bene同志在一个地方所说的那样,不过他错误地把这种观点加在社会主义者身上了。"[②]"……国家观念的根蒂已经深深渗入工人的心灵。'Nota-Bene同志就是这样写的……'国家观念的根蒂'一语是十分含混的,非马克思主义的,非社会主义的。"[③]可见,通过"短评"的形式,列宁将在评注笔记中标示出来的地方做了更加明确的阐述。

三篇"材料"的最后一篇,是写于1916年末的《〈关于国

---

① 《列宁全集》第28卷,人民出版社2017年版,第289页。
② 《列宁全集》第28卷,人民出版社2017年版,第290页。
③ 《列宁全集》第28卷,人民出版社2017年版,第290页。

家的作用问题〉一文提纲》，是列宁在研究马克思主义对国家的态度问题的材料时所写的，是为本来打算完成的关于国家观问题的专题文章所列的提纲。和前两本笔记不同，这篇提纲不再集中批判布哈林的国家理论，而是把布哈林的《关于帝国主义国家理论》《帝国主义强盗国家》两篇文章作为"研究国家问题的思想来源"①。在这篇阐释自己的国家观的文章提纲中，列宁主要针对考茨基的国家学说进行了分析和批评，对布哈林的批判则变成了次要的问题。这种转向也体现在了《国家与革命》中。在《国家与革命》中，列宁主要分析批评了考茨基的国家理论，只是偶尔附带地提及布哈林的问题。

在提纲中，列宁循着之前和布哈林的争论，列出一般国家理论和帝国主义国家理论的问题。在一般国家理论方面，列宁在提纲中写道："共产主义者还是社会民主主义者？"②"民主也是国家。消亡……国家的'自行消亡'。为什么不是废除也不是炸毁？职能先后'逐渐自行停止'。没有民主=没有对人的管理。"③列宁在这部分还再次提及了布哈林的"国家观念的根蒂在工人的心灵中？"并在随后写下"机会主义和革命的社会民主党"④，照应了之前在《青年国际（短评）》中对布哈林的批判。在帝国主义国家理论上，列宁列出的提纲是"帝国主义：

---

① 何萍：《在社会主义入口处》，人民出版社2013年版，第55页。
② 《列宁全集》第31卷，人民出版社2017年版，第127页。
③ 《列宁全集》第31卷，人民出版社2017年版，第127页。
④ 《列宁全集》第31卷，人民出版社2017年版，第127页。

第二章 框架结构与逻辑关系

国家与资本家的经济组织。'国家资本主义托拉斯……"①"帝国主义者的民主改良与社会主义革命"②。此外,提纲还涉及无产阶级专政和民主的作用等问题,并对"政治"做了明确界定:"政治就是参与国家事务,给国家定方向,确定国家活动的形式、任务和内容。"③ 这篇提纲被看作《国家与革命》的最初理论论纲。

2.《马克思主义论国家》(也称"蓝皮笔记")

《马克思主义论国家》是列宁1917年1—2月间在苏黎世作的笔记。这本笔记重点摘录了马克思恩格斯关于国家问题的主要著作、著作的序言和相关书信,包括:马克思、恩格斯合著的《共产党宣言》及其1872年德文版序言,马克思的《法兰西内战》及恩格斯写的1891年版导言,马克思的《路易·波拿巴的雾月十八日》《哥达纲领批判》《哲学的贫困》《政治冷淡主义》《德国的革命与反革命》④以及恩格斯的《1891年社会民主党纲领草案批判》《论住宅问题》《家庭、私有制和国家的起源》《反杜林论》《论权威》《给〈萨克森工人报〉编辑部的答复》,此外还有马克思给库格曼、瓦尔兰和弗兰克尔的信,恩格斯给拉法

---

① 《列宁全集》第31卷,人民出版社2017年版,第128页。
② 《列宁全集》第31卷,人民出版社2017年版,第128页。
③ 《列宁全集》第31卷,人民出版社2017年版,第128页。
④ 这篇著作为恩格斯所写。1851年7月,《纽约每日论坛报》请马克思为该报撰稿。当时马克思正忙于经济学研究,因此请恩格斯帮忙。文章当时发表署的是马克思的名,直到后来马恩1913年往来书信发表后,人们才知道作者是恩格斯。但在列宁的笔记中,把这篇文章作者写成了马克思。

《国家与革命》精学导读

格、倍倍尔的信等。

笔记摘录研究的内容主要围绕对"无产阶级革命在对待国家方面的任务"[①]的思考展开。这些摘录很大部分后来直接用在《国家与革命》中。比如,摘录自《家庭、私有制和国家的起源》中的关于国家的起源、本质、基本特征和职能的部分构成了《国家与革命》的第一章第1、2、3节的重要内容;摘录自《反杜林论》中关于国家自行消亡的部分出现在了《国家与革命》第一章第4节;摘录自《哲学的贫困》《共产党宣言》中关于无产阶级专政的内容体现在《国家与革命》第二章的第1节"革命的前夜"中;摘录自《路易·波拿巴的雾月十八日》最后一章的内容在《国家与革命》第二章第2节"革命的总结"中有所体现;摘录自《法兰西内战》的部分构成了《国家与革命》第三章"1871年巴黎公社的经验。马克思的分析"的主体内容,马克思给库格曼的信在这一章第1节也有所体现;摘录自恩格斯的《论住宅问题》《论权威》《给倍倍尔的信》《1891年社会民主党纲领草案批判》以及《法兰西内战》1891年版导言等部分的内容则构成了《国家与革命》第四章"续前。恩格斯的补充说明"的相应内容,这一点从这一章各节标题中可一目了然地看出;摘录自《哥达纲领批判》中的内容则收入了《国家与革命》第五章"国家消亡的经济基础"中;《国家与革命》第六章的内容有一部分来自对考茨基《社会革命》《取得政权的

---

① 《列宁全集》第31卷,人民出版社2017年版,第132页。

第二章 框架结构与逻辑关系

道路》的摘录和评注。从这本笔记中，我们已经可以大致地看出《国家与革命》重要观点的雏形。

列宁本人特别重视这本笔记。1917年7月，列宁给列·波·加密涅夫专门写了一封信谈这本笔记。"以下一点暂时请不要告诉别人：要是有人谋杀了我，就请您出版我的笔记《马克思主义论国家》(还放在斯德哥尔摩)。笔记本封面是蓝色的，装订过。我把从马克思和恩格斯著作中摘录的以及从考茨基反驳潘涅库克的著作中摘录的一切文字都收在里面，并且还作了很多批语、评注、结论。我想，如果要出版，一星期时间就够了。我认为这件事很重要，因为无论是普列汉诺夫，还是考茨基都把这个问题搞得混乱不堪。不过先要讲好，这一切目前绝对不要告诉别人！"① 列宁在 1917 年着手写作《国家与革命》时，专门请人把这本笔记拿给他，可见这本笔记的重要性。这本笔记是列宁写作《国家与革命》最重要的准备材料。

三、《国家与革命》的"主体"

1918 年 5 月，列宁将已经完成的前六章作为第一分册在彼得格勒出版。1919 年再版时，列宁增补了第二章第三节，新写了序言，形成我们今天所看到《国家与革命》主体文本，全书共有两版序言、六章正文和一篇跋。

---

① 《列宁全集》第 47 卷，人民出版社 2017 年版，第 607 页。

《国家与革命》精学导读

第一版序言写于1917年8月,主要阐述了写作的背景、目的,并简要介绍了该书的行文思路和写作内容安排。序言开宗明义地指出,国家问题"无论在理论方面或在政治实践方面,都具有特别重大的意义"①。特别是当时国家垄断资本主义正在形成,国家与资本家的紧密融合对劳动群众造成了"骇人听闻的压迫",为了推动劳动群众与帝国主义的斗争,与在国家问题上机会主义的偏见做斗争,有必要写一篇文章,对国家问题进行系统的梳理,由此产生了《国家与革命》。列宁表明,在《国家与革命》中,打算首先考察一下马克思和恩格斯的国家观,特别是详细地阐述"这个学说被人忘记或遭到机会主义歪曲"的部分。其次是分析以考茨基为代表的机会主义学说的主要人物。最后结合俄国1905年和1917年的革命经验,做一个总结分析。第二版序言非常简练,不到30字,是对文本内容改动的说明,在第二版中,第二章"国家与革命。1848年—1851年的经验"增加了第三节"1852年马克思对问题的看法",除此之外未作改动。

在第一章,列宁主要是根据恩格斯的《家庭、私有制和国家的起源》和《反杜林论》这两篇文章,系统阐述了马克思主义的国家观,说明了国家的起源和阶级本质、国家的基本特征和职能、国家的历史作用和意义等问题,分析了国家消亡与暴力革命的关系,批判了小资产阶级和机会主义的国家学说。其

---

① 《列宁全集》第31卷,人民出版社2017年版,第1页。

第二章　框架结构与逻辑关系

中,《国家与革命》第一章前三节以恩格斯的《家庭、私有制和国家的起源》为基础,列宁大段引用恩格斯的论述,指出马克思主义的国家理论早已表明,国家是阶级矛盾不可调和的产物和表现,是利用诸如特殊的武装队伍、监狱等强力工具实施阶级统治的机关,是剥削被压迫阶级的工具。列宁非常重视恩格斯的《起源》一书,在1919年在斯维尔德洛夫大学的讲演中,他特别指出:"我希望你们在研究国家问题的时候看看恩格斯的著作《家庭、私有制和国家的起源》。这是现代社会主义的基本著作之一,其中每一句话都是可以相信的,每一句话都不是凭空说的,而是根据大量的史料和政治材料写成的。"[①]列宁在第一章第四节根据恩格斯《反杜林论》的论述,阐发了国家消亡与暴力革命的关系。列宁认为,资产阶级国家不能"缓慢的、平稳的、逐渐的,似乎没有飞跃和风暴,没有革命"[②]地"自行消亡","无产阶级国家代替资产阶级国家,非通过暴力革命不可"[③];"无产阶级国家或半国家"的消亡,则是通过"自行消亡"实现的。这一章可以说是列宁关于马克思主义国家理论的"导论"部分。

在第二章,列宁主要围绕马克思恩格斯关于1848年至1851年欧洲革命经验的著述,根据马克思的《哲学的贫困》《共产党宣言》《路易·波拿巴的雾月十八日》、1852年3月5日给魏德

[①]《列宁全集》第37卷,人民出版社2017年版,第63—64页。
[②]《列宁全集》第31卷,人民出版社2017年版,第16页。
[③]《列宁全集》第31卷,人民出版社2017年版,第20页。

迈的信以及恩格斯在1885年为《路易·波拿巴的雾月十八日》写的第三版序言，考察了马克思恩格斯在1848年前后对无产阶级革命和无产阶级专政问题的论述，并对以考茨基为代表的第二国际机会主义错误学说进行了批判。在第一节开头，列宁先后引用了《哲学的贫困》和《共产党宣言》中的论述，指出无产阶级专政思想的重要性，认为国家应该是"组织成为统治阶级的无产阶级"①。不过，列宁认为，在《哲学的贫困》和《共产党宣言》中，对国家问题的阐释还非常抽象，"只用了最一般的概念和说法"②。而在《路易·波拿巴的雾月十八日》中，马克思则对此"作出了非常准确、明确、实际而具体的结论"③。在第二节的开头，列宁大篇幅地引用了《路易·波拿巴的雾月十八日》，指出过去的一切革命都是使国家机器更加完备，但是无产阶级要做的是打碎、摧毁资产阶级国家机器。在第三节，列宁摘录了马克思给魏德迈的一封信，批判了考茨基的理论，指出无产阶级要推翻资产阶级，建立无产阶级专政的国家，这个国家应当是有新型民主和新型专政的国家。而且，在从资本主义向共产主义"过渡"的整个过程中，无产阶级专政都是必要的。

在第三章，列宁围绕1871年巴黎公社运动的经验，参照《法兰西内战》、《共产党宣言》1872年德文版序言、1871年4月

---

① 《列宁全集》第31卷，人民出版社2017年版，第23页。
② 《列宁全集》第31卷，人民出版社2017年版，第26页。
③ 《列宁全集》第31卷，人民出版社2017年版，第26页。

第二章 框架结构与逻辑关系

12 日马克思写给路德维希·库格曼的书信,考察考茨基和伯恩斯坦的著作,特别是伯恩斯坦的《社会主义的前提和社会民主党的任务》,分析了巴黎公社建立的意义,指出应该用真正的人民革命来打碎资产阶级国家机器,用"实干"的公社代替资产阶级国家,采用无产阶级的民主和集中制,实现民族统一。在第一节,列宁引证《共产党宣言》1872 年德文版序言以及马克思给库格曼的信,批判了考茨基主义者对无产阶级革命的歪曲,论证了无产阶级要进行人民革命,打碎、摧毁现成的国家机器。第二、三、四、五节主要是围绕马克思的《法兰西内战》展开的,其中列宁大段引用了《法兰西内战》的内容,特别是其中关于巴黎公社的经验、公社的武装、组织和职能、公职人员的工资水平等。之后,列宁提出无产阶级专政后国家建设的具体举措,强调公社是"无产阶级革命打碎资产阶级国家机器的第一次尝试和'终于发现的'、可以而且应该用来代替已被打碎的国家机器的政治形式"①。

第四章是对第三章论述的补充说明。列宁在第三章主要分析了马克思关于公社经验的意义问题,第四章则考察了恩格斯的著作中关于国家问题的论述,标题为"续前。恩格斯的补充说明"。在第四章,列宁根据恩格斯的《论住宅问题》《论权威》、《给奥·倍倍尔的信》、《1891 年社会民主党纲领草案批判》、《〈法兰西内战〉恩格斯写的 1891 年版导言》、《〈人民国家报〉

---

① 《列宁全集》第 31 卷,人民出版社 2017 年版,第 53 页。

国际问题论文集（1871—1875）序》以及马克思的《政治冷淡主义》，分析了过渡时期无产阶级国家的内容、形式和组织，指出了马克思主义和无政府主义在国家问题上的根本分歧，批判了社会民主党在国家结构问题上的机会主义观点。在第一节，列宁引证了恩格斯的《论住宅问题》，说明了无产阶级也"需要一定的国家形式"，引出了马克思、恩格斯与无政府主义者的论战。在第二节，列宁考察马克思的《政治冷淡主义》和恩格斯的《论权威》，批判了无政府主义错误的国家观。在第三节，列宁考察了恩格斯的《给奥·倍倍尔的信》，指出了公社与资产阶级国家的本质的不同。在第四节，列宁引证了《1891年社会民主党纲领草案批判》，批判了社会民主党在国家问题上的机会主义，论述了对"集中制"的正确认识。第五节围绕恩格斯1891年为《法兰西内战》所写的导言展开，点出了国家问题的实质，批判了对国家的迷信和盲目崇拜，并指出，依靠阶级斗争，新的一代有能力"把这国家废物全部抛掉"。第六节根据恩格斯为《〈人民国家报〉国际问题论文集》作的序，指出消灭国家就是消灭任何有组织有系统的暴力，这也就意味着实质是"暴力和服从"的资产阶级民主的消除。第二、三、四章是《国家与革命》一书的核心部分，集中表述了列宁对国家问题的认识，特别是关于无产阶级需要通过暴力革命打碎资产阶级国家机器的理论。

  第五章主要是以马克思的《哥达纲领批判》为基础，讨论了资产阶级国家被推翻后，共产主义的发展问题及其与国家消

第二章　框架结构与逻辑关系

亡之间的关系。在第一节，列宁在对照了马克思和恩格斯的书信中关于国家问题的论述后，认为马恩对国家和国家消亡问题的看法完全一致，但二者所研究的题目、要解决的任务有所不同。恩格斯要和各种国家问题的偏见做斗争，而马克思则是用发展论考察"资本主义的即将到来的崩溃和未来共产主义的未来的发展"①。在第二节的一开头，列宁引用《哥达纲领批判》，指出从资本主义过渡到共产主义的过程中，有一个政治上的过渡时期，这个时期的国家只能是无产阶级的革命专政。这一过渡时期的民主形式也会有所变化。从资本主义社会的"残缺"民主，转变为共产主义"真正完全的"的民主，最终达到民主的消亡。在第三节，列宁根据马克思对"刚刚从资本主义脱胎出来的在各方面还带着旧社会痕迹"②的共产主义社会第一阶段的论述，说明了在这一阶段国家以及不平等的"资产阶级权利"还达不到完全消亡。在第四节，列宁根据马克思关于共产主义高级阶段的描述，指出"国家完全消亡的经济基础就是共产主义的高度发展"③，说明了社会主义和共产主义在科学上的差别。

第六章主要是列宁对机会主义者和无政府主义者的批判，特别是对以考茨基为代表的第二国际机会主义者的批判。在之前的各章中，列宁已经对机会主义者做了有力的批判，但在最

---

① 《列宁全集》第 31 卷，人民出版社 2017 年版，第 80 页。
② 《列宁全集》第 31 卷，人民出版社 2017 年版，第 88 页。
③ 《列宁全集》第 31 卷，人民出版社 2017 年版，第 92 页。

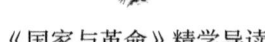

后一章,列宁系统地总结了机会主义者的问题,对机会主义做了全面的批判。在第六章的前言中,列宁指出,国家对社会革命的态度和社会革命对国家的态度问题,是第二国际理论家们,特别是普列汉诺夫和考茨基等理论家们,很少注意到的问题,更是他们"竭力回避或不加理会"的问题。这种回避和不理会产生了对"马克思主义的歪曲和对马克思主义的完全庸俗化"。在第一节"普列汉诺夫与无政府主义者的论战"中,列宁指出,普列汉诺夫"完全回避"了与无政府主义的斗争中最重要的问题,即革命对国家的态度和整个国家问题,这种回避必然导致"滚到机会主义那边去"。在第二节"考茨基与机会主义者的论战"中,列宁指出,考茨基虽然驳斥伯恩斯坦的观点,但是从他"提问题和解释问题的方法"来看,一涉及无产阶级革命在对待国家方面的任务问题,他就会从"马克思在 1852 年所说的话向后倒退",退回到机会主义阵营中去。在第三节"考茨基与潘涅库克的论战"中,列宁认为潘涅库克的某些说法虽然不确切,但在具有原则意义的问题上,在无产阶级摧毁旧的国家机器,用新的机构代替旧国家机构的认识上,却恰恰代表了马克思主义,而考茨基却"完全离开了马克思主义立场,完全转到机会主义那边去了"[1]。列宁最后得出结论,"第二国际的绝大多数正式代表已经完全滚到机会主义那边去了"[2],而在国家已经变成军事怪物、金融资本的统治战争横行的时代,正确对待

---

[1]《列宁全集》第 31 卷,人民出版社 2017 年版,第 108 页。
[2]《列宁全集》第 31 卷,人民出版社 2017 年版,第 115 页。

第二章 框架结构与逻辑关系

无产阶级革命对国家的态度问题是有极大的意义的。

四、《国家与革命》的"续篇"

《国家与革命》本计划写作七章,但是最后只完成六章。在《国家与革命》第一版的跋中,列宁对没有完成的第七章做了说明。"我当时已经拟定了下一章即第七章《1905年和1917年俄国革命的经验》的提纲。但这一章除了题目以外,我连一行字也没有来得及写,因为1917年十月革命前夜的政治危机'妨碍'了我。"① 但是列宁对于这种"妨碍",却"只有高兴"。因为"做出'革命的经验'是会比论述'革命的经验'更愉快、更有益的"②。

虽然没有写出第七章正文,但是列宁留下了《〈国家与革命〉一书的提纲和纲要》,其中第一部分的部分内容以及第七部分"第7章的两个提纲",已列出准备写作的第七章的大致内容。第七章的提纲中,列宁计划对俄国本国的两次革命进行分析,拟出了"1905年革命的教训""1917年革命的前夜""1917年革命的经验"等标题。其中,列宁打算对苏维埃进行重点阐释,指出它是"俄国革命中新的'人民的创造'",是起点和前途,而且,在苏维埃"被孟什维克和社会革命党人所糟蹋",要讨论"苏维埃的堕落"。另外,列宁还准备在第七章中专辟一节论述

---

① 《列宁全集》第31卷,人民出版社2017年版,第116页。
② 《列宁全集》第31卷,人民出版社2017年版,第116页。

科尔尼洛夫叛乱等。第七章的两个提纲在内容上大致相同，第二个提纲比第一个提纲更细化了一些，还多列了一节"民族救世论"。但列宁在旁边也标注考虑把这一节放到"结论"中去。

可以说，加上关于俄国革命实践的内容，才构成了列宁对国家与革命问题深入思考的完整逻辑。不过，以"总结俄国革命"为主题的国家与革命"续篇"，在第七章提纲中做了初步探索和展现之后，更多的是体现为列宁之后一系列关于国家与革命问题的持续思考与著述。如前所述，这些"续篇"由十月革命后的一系列文本组成，具体可以划分为三个阶段，第一个阶段是1917年十月革命到1920年革命战争基本结束，围绕十月革命及其之后严峻形势下的国内外斗争的实践，列宁写了《论"左派"幼稚性和小资产阶级性》《无产阶级革命和叛徒考茨基》《共产主义运动中的"左派"幼稚病》等，回答了革命斗争以及无产阶级政党和政权建设的一系列紧迫问题；第二阶段是1920年进入和平建设之后新经济政策时期的文章，主要有《论粮食税》《新经济政策和政治教育委员会的任务》《关于司法人民委员部在新经济政策条件下的任务》《论"双重"领导和法制》等，列宁对如何建设社会主义的问题，特别是对新经济政策背后所涉及的国家职能、国家制度等问题进行了进一步的深入思考；第三个阶段是1922到1923年间，列宁去世前，留下了被称作"政治遗嘱"的最后的书信与文章，它们作为列宁一生最后的总结性著述，是《国家与革命》续篇中尤其值得注意的一部分。

1922年后，在枪伤以及劳累的影响下，列宁的身体状况不

第二章 框架结构与逻辑关系

断恶化,1922年12月第二次发病后,列宁预感自己可能无法恢复健康,开始了对包括党内权力交接等重大问题的思考。①1922年年底开始,列宁通过口授的方式,先后形成了《给代表大会的信》等三篇书信以及五篇文章。在有了十月革命以及几年的社会主义国家建设的经验教训后,被列宁在临终前提到首要地位上的重大问题就是关于党和国家制度改革创新的问题。在《给代表大会的信》中,列宁指出,在和平已经到来、政权已经稳定,走上新经济政策的道路之后,"我们在五年内建立了一个新的国家类型",面对还是从沙皇和资产阶级那里"拿过来的旧机关","全部工作都应该集中到改善机关上"②。在之后的书信《关于赋予国家计划委员会以立法职能》《关于民族或"自治化"问题》以及文章《日记摘录》《论合作社》《我们怎样改组工农检察院》《宁肯少些,但要好些》中,列宁围绕计划委员会在国家经济建设中的职能、国家结构形式、"文化革命"的任务、着眼新型合作制的经济发展战略以及人民监督等问题,对社会主义国家建设的多个方面进行了深入分析并提出了一系列创见;并在《论我国革命》中,从世界历史的高度,分析了俄国这样一个落后大国建立社会主义国家的可能性,表明了俄国特殊革命道路的重大意义。

列宁的《国家与革命》是系统阐述列宁国家观的最重要文本,而这些"续篇",则在俄国革命与社会主义国家建设实践的

---

① 季正矩:《列宁传》,天地出版社2018年版,第461页。
② 《列宁全集》第43卷,人民出版社2017年版,第345页。

基础上，结合具体实际情况进行了更加深入的分析，特别是"政治遗嘱"中，包含着许多至今仍然对社会主义国家机构改革、国家制度改革创新有着极大启发意义的闪光思想，极大地丰富了马克思主义的国家理论，也是深入理解"国家与革命"问题，深入认识马克思主义、列宁主义国家理论必须重视的文本。

第三章　国家理论的集大成者

马克思恩格斯多次论及国家问题，比如恩格斯晚年还以马克思对摩尔根《古代社会》所做的摘要和批语为基础，撰写了《家庭、私有制和国家的起源》，探讨了国家起源的基本问题。遗憾的是，马克思、恩格斯并没有形成系统阐述国家理论的专门著作，他们对国家问题的思考和论述，散落在各个时期的著述中。在《国家与革命》中，列宁系统地总结和创造性地阐发了马克思恩格斯关于国家问题的基本观点。这些总结和阐发，主要包括国家的产生、国家的实质、国家的消亡以及共产主义等根本问题。可以认为，列宁的《国家与革命》是马克思主义国家理论的集大成者。

一、国家的产生

在《国家与革命》第一章的第一节和第二节，列宁阐发了关于国家产生问题的基本思想。概况而言，主要包含以下几方面思想：第一，"国家是阶级矛盾不可调和的产物"。列宁的这一观点，是建立在马克思主义尤其是恩格斯在《家庭、私有制和国家的起源》的相关论述基础之上的。恩格斯总结了历史上的各种国家起源理论，深刻指出，"国家决不是从外部强加于社会的一种力量。国家也不像黑格尔所断言的是'伦理观念的现实'，'理性的形象和现实'"，"国家是社会在一定发展阶段上的产物；国家是承认：这个社会陷入了不可解决的自我矛盾，分裂为不可调和的对立面而又无力摆脱这些对立面。而为了使这些对立面，这些经济利益互相冲突的阶级，不致在无谓的斗争中把自己和社会消灭，就需要有一种表面上凌驾于社会之上的力量，这种力量应当缓和冲突，把冲突保持在'秩序'的范围以内；这种从社会中产生但又自居于社会之上并且日益同社会相异化的力量，就是国家"①。在列宁看来，恩格斯的这一论述，集中体现了马克思主义在国家起源问题上的基本思想。正是在此认识基础上，列宁明确提出："国家是阶级矛盾不可调和的产物和表现。"② 在一定的时间、空间和历史条件下，当阶级矛盾不可调和时，国家就会产生。

第二，国家权力的形成，具有两个特点。国家的起源，也就是国家权力的形成过程。国家作为一种新型的社会权力组织，与以往的社会组织譬如氏族社会有什么不同呢？列宁在《国家与革命》探讨这个问题时，主要借鉴了恩格斯《家庭、私有制和国家的起源》的相关思想。恩格斯认为，国家权力与旧的氏族组织相比，有两个显著区别的地方。第一个区别是，国家"按

---

① 《马克思恩格斯文集》第4卷，人民出版社2009年版，第189页。
② 《列宁全集》第31卷，人民出版社2017年版，第6页。

第三章 国家理论的集大成者

地区来划分它的国民"。在恩格斯看来，以往的氏族组织，主要以血缘关系为纽带。而国家的起源，则是地缘关系取代血缘关系的过程。列宁认同恩格斯的这个说法，认为国家权力的形成，重要的特点之一就是以地缘关系为联结国民的纽带。这个特点，"是同血族或氏族的旧组织进行了长期的斗争才获得的"①。

第二个区别是，"公共权力的设立"。国家形成的一个重要标志是公共权力的设立。那么，何谓公共权力呢？列宁指出，这些公共权力，既包括武装的人，还包括诸如监狱以及各种强制机关等物质的附属物。公共权力的设立，是国家权力区别于以往的社会组织如氏族组织的重要方面。在旧的氏族组织中，虽然也有武装力量，但这种力量是"同自己组织为武装力量的居民直接符合"②的，不构成一种异己的力量。在列宁看来，国家作为公共权力，虽然是从社会中产生的，但是又居于社会之上，并且日益同社会相异化。国家作为公共权力的典型特点，就在于"拥有监狱等等的特殊的武装队伍"③。这些武装队伍，是维护国家政权的强力武器，是服务于统治阶级对内统治和对外侵略的工具。列宁认为，对于国家权力的这一特点，很多人存在理解上的误区。"对于为什么要有特殊的、居于社会之上并且同社会相异化的武装队伍（警察、常备军）这个问题，西欧和俄国的庸人总是喜欢借用斯宾塞或米海洛夫斯基的几句话来

---

① 《列宁全集》第 31 卷，人民出版社 2017 年版，第 7 页。
② 《列宁专题文集·论马克思主义》，人民出版社 2009 年版，第 181 页。
③ 《列宁全集》第 31 卷，人民出版社 2017 年版，第 8 页。

答复,说这是因为社会生活复杂化、职能分化等等"①。列宁尖锐地指出,这种说法貌似"科学",实则很有迷惑性。它掩盖了这样的一个基本事实,即:社会分裂为不可调和的敌对阶级。正是由于文明社会分裂为敌对的而且是不可调和的敌对阶级,于是国家得以形成,特殊的武装队伍也便建立起来了。这就使得,统治阶级利用它来维护自己的统治,被压迫阶级则在革命中破坏这些国家机构,并力图建立为自己"服务的新型的同类组织"。列宁进一步指出,到了帝国主义时代,国家权力中的武装队伍被用来服务于统治阶级的对外"侵略竞争"。认清这一点,有助于看清社会沙文主义者的荒谬,正确把握帝国主义战争的实质。"在1914—1917年,即正是这个争相霸占加剧了许多倍而引起了帝国主义战争的时候,社会沙文主义的恶棍们却用'保卫祖国'、'保卫共和国和革命'等等词句来掩盖他们维护'自己'资产阶级强盗利益的行为!"②

第三,在国家的产生问题上,需要旗帜鲜明地反对两种典型的错误观点。第一种错误观点,是资产阶级特别是小资产阶级思想家们的观点,他们"把国家说成是阶级调和的机关"。这种观点认为,国家建立一种秩序。这种"秩序正是阶级调和,而不是一个阶级对另一个阶级的压迫;缓和冲突就是调和,而不是剥夺被压迫阶级用来推翻压迫者的一定的斗争手段和斗争

---

① 《列宁全集》第31卷,人民出版社2017年版,第8页。
② 《列宁全集》第31卷,人民出版社2017年版,第10页。

第三章 国家理论的集大成者

方式"①。列宁明确指出,这种"阶级调和论"是对马克思主义国家观的歪曲。在马克思恩格斯那里,"国家是阶级统治的机关,是一个阶级压迫另一个阶级的机关,是建立一种'秩序'来缓和阶级冲突,使这种压迫合法化、固定化"。②简单说来,在马克思主义看来,如果说阶级调和是可能的话,那么国家就不会产生,也不会保持下去。列宁还分析了这种阶级调和论在俄国1917年革命中的危害。在列宁看来,俄国革命中的社会革命党人和孟什维克就是阶级调和论的代言人。这两个政党的决议,"都浸透了这种市侩的庸俗的'调和'论",是一种小资产阶级民主派的观点,他们无法认识到,"国家是一定阶级的统治机关,这个阶级不可能与同它对立的一方(同它对抗的阶级)调和"③。

第二种错误观点,是"考茨基主义"者的观点。他们虽然承认国家是作为阶级统治机关而存在,也承认阶级矛盾的不可调和性。但是,他们却有选择性地忽视或者直接抹杀了这一马克思主义观点——"被压迫阶级要求得解放,不仅非进行暴力革命不可,而且非消灭统治阶级所建立的、体现这种'异化'的国家政权机构不可"④。列宁指出,考茨基主义者对改造和利用统治阶级的国家政权机构抱有幻想,没有认识到无产阶级革命必须打碎旧的国家机器,这使得他们最终背离了马克思主义,走向机会主义。在这里,列宁对考茨基主义者的批评只是点到

---

① 《列宁全集》第31卷,人民出版社2017年版,第6页。
② 《列宁全集》第31卷,人民出版社2017年版,第6页。
③ 《列宁全集》第31卷,人民出版社2017年版,第6页。
④ 《列宁全集》第31卷,人民出版社2017年版,第7页。

为止,没有展开。在《国家与革命》的第六章,列宁对考茨基主义进行了系统批判。这一内容,我们将放在本书的第五章详细阐述。

二、国家的实质

在《国家与革命》第一章的第三节,列宁集中探讨了国家的本质和职能等问题。列宁的论述,主要是围绕以下几个要点展开:第一,国家的本质;第二,国家的职能;第三,财富在国家中的无限权力;第四,普选制是资本主义国家的最好政治外壳。

第一,关于国家的本质。列宁明确指出,"国家是剥削被压迫阶级的工具"。列宁关于国家本质的论述,继承了马克思、恩格斯的国家本质观。马克思主义认为,国家既然是从控制阶级对立以保持正常"秩序"的迫切需要中产生的,同时又是在这些阶级的激烈冲突中产生的,那么国家实际上就是"最强大的、在经济上占统治地位的阶级的国家,这个阶级借助于国家而在政治上也成为占统治地位的阶级,因而获得了镇压和剥削被压迫阶级的新手段"①。马克思、恩格斯和列宁的相关论述一脉相承,都抓住了国家的本质特征,即:国家是统治阶级用于压迫和剥削被统治阶级的工具。

---

① 《列宁全集》第 31 卷,人民出版社 2017 年版,第 196 页。

第三章 国家理论的集大成者

第二,关于国家的职能。在探讨国家本质的基础上,列宁还论述了国家的职能问题。列宁认为,国家作为统治阶级剥削被压迫阶级的工具,它必须承担相应的经济职能和政治职能。在经济职能方面,"为了维持特殊的、凌驾于社会之上的公共权力,就需要捐税和国债"①。不仅如此,统治阶级还利用国家权力来剥削被压迫阶级,攫取经济利益。不仅古代国家和封建国家是剥削被压迫阶级的机关,现代的代议制国家也是资本剥削雇佣劳动的工具。在政治职能方面,统治阶级首先通过制定代表自己意志和利益的法律,来行使国家权力,发挥国家的政治职能。此外,统治阶级还让官吏阶层拥有特权地位,让他们成为国家法律和政权机关的代表,实际上则是统治阶级的代言人。正如恩格斯所言,官吏"作为同社会相异化的力量的代表,必须用特别的法律来取得尊敬,凭借这种法律,他们享有了特殊神圣和不可侵犯的地位"②。列宁也指出,国家"制定了官吏神圣不可侵犯的特别法律,'一个最微不足道的警察'都拥有比克兰代表还要大的'权威'"③。当国家的"权威"和官吏的"特权"地位遭到被统治阶级的挑战时,统治阶级便会毫不犹豫地使用手中掌握的国家机器,用以镇压被压迫阶级的反抗,维护统治阶级的政治统治地位和特殊利益。

第三,关于财富在国家中的无限权力。在探讨国家的实质

---

① 《列宁全集》第 31 卷,人民出版社 2017 年版,第 10 页。
② 《马克思恩格斯文集》第 4 卷,人民出版社 2009 年版,第 191 页。
③ 《列宁全集》第 31 卷,人民出版社 2017 年版,第 11 页。

时,列宁特别阐述了"财富"在国家中的无限权力。这一观点非常深刻,抓住了国家表象背后的深层奥秘。列宁的相关思考,受到了马克思、恩格斯的启发。在《家庭、私有制和国家的起源》中,恩格斯明确指出:"在历史上的大多数国家中,公民的权利是按照财产状况分级规定的。"①财产地位决定阶级身份和政治地位,这在过去的各种形式的国家中都是如此。"在按照财产状况划分阶级的雅典和罗马,就已经是这样。在中世纪的封建国家中,也是这样,在那里,政治上的权力地位是按照地产来排列的"②。当然,按照财产状况来直接划分政治地位和权力,这只是国家发展的低级阶段。到了国家的最高形式,即民主共和国阶段,财富的无限权力才被充分运用出来。"这种民主共和国已经不再正式讲什么财产差别了。在这种国家中,财富是间接地但也是更可靠地运用它的权力的。"③在民主共和国这种形式下,财富的无限权力被间接地隐蔽起来,资本的力量表面上退居台后,但更加地无孔不入,畅通无阻。

在恩格斯的基础上,列宁进一步分析了财富在民主共和国中实现自己无限权力的方法,并深刻指出:"民主共和制是资本主义所能采用的最好的政治外壳。"在民主共和国内,财富主要采用两种方法来"更可靠地运用它的权力"——"第一个方法是'直接收买官吏'(美国),第二个方法是'政府和交易所结

---

① 《马克思恩格斯文集》第4卷,人民出版社2009年版,第192页。
② 《马克思恩格斯文集》第4卷,人民出版社2009年版,第192页。
③ 《马克思恩格斯文集》第4卷,人民出版社2009年版,第192页。

第三章 国家理论的集大成者

成联盟'(法国和美国)"①。在民主共和国中,帝国主义和银行统治都将这两种维护和实现财富无限权力的方法发展到了非常巧妙的地步,并让一些革命意识不坚定的政治力量投入资产阶级的怀抱。譬如,在俄国革命中实行所谓民主共和制的时期,"也可以说是在社会革命党人和孟什维克这些'社会党人'同资产阶级在联合政府中联姻的蜜月期间"②。在列宁看来,财富的无限权力在民主共和制条件下更加可靠,因为它克服了传统政治机构的某些缺陷,譬如权力更替带来的非连续性问题。所以,资本一掌握民主共和制"这个最好的外壳,就能十分巩固十分可靠地确立自己的权力,以致在资产阶级民主共和国中,无论人员、无论机构、无论政党的任何更换,都不会使这个权力动摇"③。

第四,关于普选制等资本主义民主制。列宁以普选制为例,分析了民主共和制是如何成为资产阶级统治的最有效工具的。恩格斯在总结德国社会民主党的长期经验时曾指出,普选制是资产阶级统治的工具。同时,恩格斯又强调普选制是"测量工人阶级成熟性的标尺。在现今的国家里,普选制不能而且永远不会提供更多的东西"④。但是,在现实的革命斗争中,被压迫阶级很多时候认识不到这一点,往往被普选制的表象所迷惑。"只要被压迫阶级——在我们这里就是无产阶级——还没有成

---

① 《列宁全集》第31卷,人民出版社2017年版,第12页。
② 《列宁全集》第31卷,人民出版社2017年版,第12页。
③ 《列宁全集》第31卷,人民出版社2017年版,第12—13页。
④ 《马克思恩格斯文集》第4卷,人民出版社2009年版,第193页。

熟到能够自己解放自己,这个阶级的大多数人就仍将承认现存的社会秩序是唯一可行的秩序,而在政治上成为资本家阶级的尾巴,构成它的极左翼。"① 在列宁看来,普选制的迷惑性给俄国革命带来很大的危害。社会民主党人和孟什维克等政治力量,寄希望于资产阶级的普选制,希望借助普选制来实现自己的目标。他们的这种做法,主要建基于这样的一种荒谬认识——普选制"能够真正体现大多数劳动者的意志,并保证实现这种意志"②。从根源上来讲,这种荒谬认识,就是这些小资产阶级的政治力量无法认清资本主义国家的实质,认识不到国家作为资产阶级实现阶级统治的工具的本质,看不到普选制等民主共和制是资产阶级维护自身统治最好的、最隐蔽的政治外壳。

三、国家的消亡

在《国家与革命》第一章的第四节,以及第五章的相关部分,列宁深刻阐述了国家消亡的基本思想。列宁对国家消亡问题的论述,是建立在马克思、恩格斯的相关论述的基础上。列宁引述了恩格斯在《家庭、私有制和国家的起源》中表述的"国家消亡"思想:"现在我们正在以迅速的步伐走向这样的生产发展阶段,在这个阶段上,这些阶级的存在不仅不再必要,而且成了生产的真正障碍。阶级不可避免地要消失,正如它们从前

---

① 《马克思恩格斯文集》第 4 卷,人民出版社 2009 年版,第 192 页。
② 《列宁全集》第 31 卷,人民出版社 2017 年版,第 13 页。

第三章　国家理论的集大成者

不可避免地产生一样。随着阶级的消失，国家也不可避免地要消失。在生产者自由平等的联合体的基础上按新方式来组织生产的社会，将把全部国家机器放到它应该去的地方，即放到古物陈列馆去，同纺车和青铜斧陈列在一起。"① 在《反杜林论》中，恩格斯进一步分析了国家消亡的条件和过程。"无产阶级将取得国家政权，并且首先把生产资料变为国家财产。但是，这样一来它就消灭了作为无产阶级的自身，消灭了一切阶级差别和阶级对立，也消灭了作为国家的国家。……国家真正作为整个社会的代表所采取的第一个行动，即以社会的名义占有生产资料，同时也是它作为国家所采取的最后一个独立行动。那时，国家政权对社会关系的干预在各个领域中将先后成为多余的事情而自行停止下来。那时，对人的统治将由对物的管理和对生产过程的领导所代替。国家不是'被废除'的，它是自行消亡的。"② 简单说来，恩格斯强调国家消亡的前提是无产阶级取得国家政权，在经济上把生产资料变为国家财产。同时，国家的消亡是一个长久的过程，不能像无政府主义想象那样一天之内就可以废除国家。

马克思主义的国家消亡思想，与无政府主义的国家"废除说"有着本质区别，即马克思主义强调国家是"自行消亡"的。然而，马克思主义关于国家自行消亡的理论，一直受到机会主义者的歪曲。机会主义者将马克思主义的"国家自行消亡"理

---

① 《列宁全集》第 31 卷，人民出版社 2017 年版，第 13—14 页。
② 《列宁全集》第 31 卷，人民出版社 2017 年版，第 14—15 页。

《国家与革命》精学导读

论片面地理解为国家的消亡"是缓慢的、平稳的、逐渐的,似乎没有飞跃和风暴,没有革命"。列宁一针见血地指出,机会主义者这种说法,其实就是以此"回避革命,甚至是否定革命"。①机会主义回避革命、否定革命的观点,与马克思主义关于国家消亡的前提(无产阶级通过革命取得政权,并用政权将生产资料国家化)的观点不相符合,甚至是背道而行的。

为了恢复马克思主义"国家消亡"思想的本来面目,列宁从五个方面入手,既正面阐述了马克思主义的国家消亡理论,又深刻批判了各种机会主义者对马克思主义的歪曲、庸俗化。第一,马克思主义"国家消亡"思想中的"国家",实际上有两种不同类型:一是无产阶级的国家或半国家;二是资产阶级的国家。前者是"自行消亡"的,但是后者是不会自行消亡的,必须在无产阶级革命中才能走向"消灭"。列宁认为,马克思、恩格斯在总结1871年巴黎公社运动的经验教训时,已经明确提到了这点,即无产阶级必须取得国家政权,并"消灭作为国家的国家",即资产阶级的国家。

第二,用无产阶级革命和阶级专政来消灭资产阶级国家的合理性和必然性。在马克思主义看来,国家是"实行镇压的特殊力量"。资本主义国家,实质就是"资产阶级对无产阶级,即一小撮富人对千百万劳动者'实行镇压的特殊力量'"。所以,要"消灭作为国家的国家",就必须"以一种(无产阶级的)'特

---

① 《列宁全集》第31卷,人民出版社2017年版,第16页。

第三章 国家理论的集大成者

殊力量'来代替另一种（资产阶级的）'特殊力量'"①，即要用无产阶级革命和专政来消灭资产阶级国家。

第三，无产阶级的国家之所以能自行消亡，是因为建立了最完全的民主。马克思主义所讲的国家自行消亡，是指"'国家以整个社会的名义占有生产资料'以后即社会主义革命以后的时期"，也就是无产阶级取得国家政权以后的时期。无产阶级打碎旧的国家机器，建立新的国家政权。"这时'国家'的政治形式是最完全的民主"②，这种最完全的民主作为国家的最后形式，它可以也只能自行消亡。

第四，马克思主义的国家消亡思想，既是反对无政府主义者的，也是反对机会主义者的，尤其是要反对机会主义者关于"自由的人民国家"这种谬论。列宁深刻指出，"自由的人民国家"是作为德国社会民主党人在19世纪70年代的纲领性要求和流行口号而存在的，他们在当时主要是在合法地使用这一口号来暗示民主共和国，所以恩格斯也曾出于革命需要而为这个口号辩护，因为民主共和国"是在资本主义制度下对无产阶级最有利的国家形式"③。但是，机会主义者却故意忽略了马克思主义对国家阶级本质的观点。即使是在19世纪70年代，马克思、恩格斯也一再提醒党内同志，"任何国家都是对被压迫阶级'实行镇压的特殊力量'"，"即使在最民主的资产阶级共和国里，

---

① 《列宁全集》第31卷，人民出版社2017年版，第16页。
② 《列宁全集》第31卷，人民出版社2017年版，第17页。
③ 《列宁全集》第31卷，人民出版社2017年版，第18页。

人民仍然摆脱不了当雇佣奴隶的命运"。因此,"任何国家都不是自由的,都不是人民的"①。

第五,马克思主义关于国家消亡的思想是与暴力革命理论紧密联系在一起的,是一个严密的整体。列宁认为,无论是马克思,还是恩格斯,都高度重视并礼赞暴力革命在人类历史发展中的作用。在列宁看来,马克思、恩格斯关于暴力革命的基本学说,是针对资产阶级国家的。"资产阶级国家由无产阶级国家(无产阶级专政)代替,不能通过'自行消亡',根据一般规律,只能通过暴力革命。"②这个观点,是马克思恩格斯在各个时期的著述中都反复强调的基本观点。所以,暴力革命学说,是"马克思和恩格斯全部学说的基础"。当然,这一基本观点,也往往最容易被各种非马克思主义者歪曲和篡改。马克思、恩格斯在世时,暴力革命学说被杜林主义的信徒所忽略和篡改;在帝国主义时代,则被占统治地位的社会沙文主义流派和考茨基主义流派所背叛。因此,我们必须坚决捍卫马克思主义的暴力革命思想,反对各种形式的歪曲和篡改。

四、共产主义及其阶段

列宁认为,马克思主义的国家消亡理论,服务于"考察资

---

① 《列宁全集》第31卷,人民出版社2017年版,第18页。
② 《列宁全集》第31卷,人民出版社2017年版,第19—20页。

第三章 国家理论的集大成者

本主义的即将到来的崩溃和未来共产主义的未来的发展"①。所以,国家消亡与未来共产主义是紧密联系在一起的。在《国家与革命》的第五章,列宁着重分析了国家消亡的经济基础。这一章的理论目的,就是要阐明马克思在《哥达纲领批判》中,为了批判拉萨尔主义而被遮盖了的正面论述的内容,即"共产主义发展和国家消亡之间的联系的分析"②,并全面阐述共产主义的发展阶段。

在列宁看来,国家消亡与共产主义的发展是同一过程的两个方面。于是,对国家消亡问题的思考,也就变成了对如下问题的追问与回答:"在共产主义社会中国家制度会发生怎样的变化呢?换句话说,那时有哪些同现在的国家职能相类似的社会职能保留下来呢?"③这样一来,对国家消亡问题的理论探讨,便转变为共产主义社会国家制度的发展变化问题,转变为共产主义的发展阶段问题。经过这一转变,国家消亡问题就不再是纯粹的、抽象的理论玄思,而是现实的共产主义的发展变化问题。④

在《国家与革命》第五章的第二节至第四节,列宁系统论述了共产主义发展变化的三个阶段,也就是国家制度消亡的三个环节问题:从资本主义到共产主义的过渡;共产主义社会的第一阶段;共产主义社会的最高阶段。

---

① 《列宁全集》第 31 卷,人民出版社 2017 年版,第 80 页。
② 《列宁全集》第 31 卷,人民出版社 2017 年版,第 79 页。
③ 《列宁全集》第 31 卷,人民出版社 2017 年版,第 81 页。
④ 参见何萍:《在社会主义入口处》,人民出版社 2013 年版,第 123 页。

第一个阶段,从资本主义到共产主义的过渡阶段。

列宁首先做了一个理论上的澄清,即马克思主义不是乌托邦。马克思主义的共产主义设想,源于资本主义的发展前提和现实,具有历史性和科学性。马克思主义提出的共产主义"是从资本主义中产生出来的,它是历史地从资本主义中发展出来的,它是资本主义所产生的那种社会力量发生作用的结果","正像一个自然科学家已经知道某一新的生物变种是怎样产生以及朝着哪个方向演变才提出该生物变种的发展问题一样"。①

正因为共产主义是从资本主义中产生出来的,所以,"在资本主义社会和共产主义社会之间,有一个从前者变为后者的转变时期"。在这个时期,"国家只能是无产阶级的革命专政"。②那么,如何理解处于过渡阶段的无产阶级专政的国家制度特点?列宁指出,这个时期的国家具有二重性:一方面,它仍然要承担阶级统治暴力工具的职能,即"被压迫者先锋队组织成为统治阶级来镇压压迫者","对压迫者、剥削者、资本家采取一系列剥夺自由的措施",并充分利用国家机器来粉碎他们的反抗。③另一方面,它又是一种新型的国家。这种新型国家,主要体现出以下三个方面的特点:第一,在国家性质上,实现了被压迫阶级的统治。无产阶级专政的国家,"第一次成为穷人的、人民的而不是富人的民主制度"④。第二,在民主范围上,实现了大

---

① 《列宁全集》第 31 卷,人民出版社 2017 年版,第 81 页。
② 《列宁全集》第 31 卷,人民出版社 2017 年版,第 82 页。
③ 《列宁全集》第 31 卷,人民出版社 2017 年版,第 84—85 页。
④ 《列宁全集》第 31 卷,人民出版社 2017 年版,第 84 页。

第三章　国家理论的集大成者

多数人的民主。无产阶级专政的国家，"把民主制度大规模地扩大"。资本主义社会的民主，"是只供富人、只供少数人享受的民主"，而无产阶级专政，"将第一次提供人民享受的、大多数人享受的民主"①；第三，在发展方向上，逐渐弱化国家机器的暴力色彩，而不是像资本主义国家机器那样不断强化。在过渡时期，镇压是必要的。但是，这种镇压与旧的国家机器的镇压有很大的不同，它是被剥削者多数对剥削者少数的镇压。所以，这种镇压更容易、更简单，人类为此付出的代价也更小。此外，这时的国家机器虽然仍具有镇压功能，但是更重要的工作却是把民主扩展到绝大多数人身上，并使之朝着不再需要镇压的方向发展。

第二个阶段，共产主义社会的第一个阶段，也就是社会主义阶段。

这个阶段，已经从整体上消灭了资本主义。生产资料已经不再属于个人的私有财产，它们已经属于全体社会成员共同所有；每个社会成员都需要完成一定份额的社会必要劳动，实现劳动的平等；每个社会成员都根据劳动量获得相应的消费品，真正实现了分配的平等。处于这个阶段的国家，"正在消亡，因为资本家已经没有了，阶级已经没有了"，国家只是用来"在保卫生产资料公有制的同时来保卫劳动的平等和产品分配的平等"。②

---

① 《列宁全集》第 31 卷，人民出版社 2017 年版，第 86 页。
② 《列宁全集》第 31 卷，人民出版社 2017 年版，第 91 页。

但是，这一时期的国家只是正在走向消亡，还没有完全消亡。因为，这个阶段还是"刚刚从资本主义社会中产生出来的，因此它在各方面，在经济、道德和精神方面都还带着它脱胎出来的那个旧社会的痕迹"①。换句话说，这个阶段所实现的劳动的平等和分配的平等，只是形式上的平等，它们在事实上都还不平等，都在一定程度上存在"资产阶级权利"。列宁指出，在共产主义的第一个阶段，确实有"平等的权利"，但是这仍然是属于"资产阶级的权利"。所谓"资产阶级的权利"，就是在形式上看似平等，实际上却以不平等为前提，因为这种权利"把同一标准应用到不同的人身上"，而每个人的自身条件存在强弱差异，家庭情况也不尽相同，所以形式上看似"平等的权利"，实际上"就是破坏平等，就是不公平"。所以，马克思才会深刻指出，真正的"权利就不应当是平等的，而应当是不平等的"。②马克思主义对资产阶级权利观的认识和批判非常深刻，在政治思想史上具有重要意义，为真正实现人的自由和解放提供了理论指导。

马克思主义认为，共产主义的第一个阶段虽然已经消灭了资产阶级，但还存在"资产阶级的权利"，还存在事实上的不平等。这一观点，是对拉萨尔主义和各种空想主义的有力批判。共产主义的第一个阶段虽然消灭了私人占有生产资料这一不公平的现象，但是还不能立即消灭另一不公平的现象：按劳动（而

---

① 《列宁全集》第31卷，人民出版社2017年版，第88页。
② 《列宁全集》第31卷，人民出版社2017年版，第89页。

第三章 国家理论的集大成者

不是按需要)分配,资产阶级的权利还在通行。"这些弊病,在经过长久阵痛刚刚从资本主义社会产生出来的共产主义社会第一阶段,是不可避免的。权利决不能超出社会的经济结构以及由经济结构制约的社会的文化发展。"[1]正是在这一点上,马克思主义将自己和各种空想主义区别开来。空想主义之所以陷入乌托邦,就在于他们不承认共产主义的第一阶段还存在资产阶级的权利,总是幻想"在推翻资本主义之后,人们立即就能学会不要任何权利准则而为社会劳动"[2]。马克思主义认为,要真正实现这一点,必须到共产主义的高级阶段。

第三个阶段,共产主义社会的高级阶段。

这个阶段,阶级已经彻底消灭,国家不再是暴力镇压机构,而是社会管理机构。列宁概括了这个阶段的如下几个特点:第一,人类从形式上的平等演进到事实上的平等。随着社会分工消失,脑力劳动和体力劳动的对立得以消失,劳动从人们谋生的手段变成了生活的第一需要,生产力高度发达,社会实现"各尽所能,按需分配"的原则。第二,国家不再是政治国家,而国家演变为一种管理机构,其职能由政治职能变为简单的管理职能,管理者也由少数人转变为全体社会成员或大多数人。国家作为一种管理机构,其主要职能简化为由工人自己来进行计算和监督。"全体公民都成了一个全民的、国家的'辛迪加'的职员和工人","整个社会将成为一个管理处,成为一个劳动平等

---

[1] 《列宁全集》第 31 卷,人民出版社 2017 年版,第 90 页。
[2] 《列宁全集》第 31 卷,人民出版社 2017 年版,第 90 页。

和报酬平等的工厂"。①第三,人们对于公共生活的基本规则从必须遵守转变为习惯遵守。"当所有的人都学会了管理,都来实际地独立地管理社会生产,对寄生虫、老爷、骗子等等'资本主义传统的保持者'独立地进行计算和监督",就会成为极罕见的例外,对任何管理的需要就开始消失。②国家愈是民主,民主愈是完全,它距离彻底成为多余的东西就愈接近。当上述三个条件和特点都完全具备时,"从共产主义社会的第一阶段过渡到它的高级阶段的大门就会敞开,国家也就随之完全消亡"③。

在探讨共产主义发展阶段的过程中,列宁特别强调共产主义第一阶段和最高阶段的区别,也是社会主义和共产主义的差别,并提出了"共产主义制度下的资本主义国家"这一马克思主义发展史上的全新概念,进行了一系列创造性的探索和思考。列宁指出,在共产主义第一阶段,"共产主义在经济上还不可能完全成熟,完全摆脱资本主义的传统或痕迹。由此就产生一个有趣的现象,这就是在共产主义第一阶段还保留着'资产阶级权利的狭隘眼界'。既然在消费品的分配方面存在着资产阶级权利,那当然一定要有资产阶级国家,因为如果没有一个能够强制人们遵守权利准则的机构,权利也就等于零。可见,在共产主义下,在一定的时期内,不仅会保留资产阶级权利,甚至还会保留资产阶级国家,——但没有资产阶级!"④列宁的这一长

---

① 《列宁全集》第31卷,人民出版社2017年版,第97页。
② 《列宁全集》第31卷,人民出版社2017年版,第98页。
③ 《列宁全集》第31卷,人民出版社2017年版,第98页。
④ 《列宁全集》第31卷,人民出版社2017年版,第94—95页。

第三章 国家理论的集大成者

段论述极其深刻,是从辩证法高度对共产主义国家制度的创造性发挥。马克思、恩格斯在世时,提出了"共产主义下的资产阶级权利"问题,但没有提出"共产主义下的资产阶级国家"问题。列宁结合俄国社会发展的实际,在俄国社会主义革命和建设过程中创造性地提出共产主义下的资产阶级国家,并在后来的建设探索中尤其是新经济政策中提出了"国家资本主义"概念。这一理论探索,不仅丰富发展了马克思主义的国家理论,而且在实践中对苏联的社会主义建设乃至后来中国的改革开放都起到了积极的指导作用。

第四章　革命及其经验总结

列宁写作《国家与革命》，包含双重任务和理论主题：第一是系统总结和阐发马克思主义关于国家的基本理论，第二是准确阐释马克思主义关于无产阶级革命与专政的基本观点。在《国家与革命》的第一章第四节、第二章至第四章，列宁系统呈现了马克思恩格斯对1848—1851年革命、1871年巴黎公社运动的经验总结。在此基础上，列宁系统阐发了国家与革命的关系问题，围绕无产阶级专政等问题发表了意见和看法。

一、1848—1851年革命的经验总结

关于1848—1851年革命的经验总结，集中在《国家与革命》的第二章。列宁通过对《哲学的贫困》、《共产党宣言》、《路易·波拿巴的雾月十八日》及其序言的引证，深入研究了马克思恩格斯在欧洲1848年革命前后，对无产阶级革命和专政问题的思考，以此来回应考茨基等第二国际机会主义者对无产阶级革命和专政思想的歪曲、庸俗化。

我们首先对这场欧洲革命进行回顾。1848年，法国爆发二

第四章 革命及其经验总结

月革命,推翻了代表金融贵族利益的七月王朝。工人阶级在这场革命中发挥了巨大作用,但是革命胜利后的政权却由资产阶级共和派所掌控,临时政府的成员也绝大多数是资产阶级的代表。不久之后,工人阶级和资产阶级的阶级矛盾逐步凸显,巴黎工人在资产阶级的逼迫下发动了六月起义,先后与20余万政府军浴血奋战,但是并未取得胜利,一万多人惨遭杀害。马克思在革命爆发后写了一系列文章,剖析法国 1848 年的二月革命、六月起义,并对革命的未来走向作出科学预测,这些文章后来汇集成《1848 年至 1850 年的法兰西阶级斗争》。马克思在这些文章中通过总结实践经验,提出了"工人阶级专政""无产阶级的阶级专政"等光辉思想。

根据 1848—1851 年欧洲革命经验,列宁从两个方面深化发展了马克思恩格斯关于国家和革命的学说:一是重新梳理马克思恩格斯的阶级斗争和无产阶级专政的思想;二是明确了"无产阶级必须打碎资产阶级国家机器"是马克思主义国家学说的基本内容之一。

列宁认为,在《共产党宣言》中,马克思恩格斯对国家下了一个非常引人注意的定义,即:"国家即组织成为统治阶级的无产阶级"①。列宁特别强调这一定义,并以此批判当时的社会沙文主义者和机会主义者的阶级妥协的思想。在他看来,以考茨基为首的机会主义者只是把握到马克思所说的"无产阶级需

---

① 《列宁全集》第 31 卷,人民出版社 2017 年版,第 207 页。

《国家与革命》精学导读

要国家",将无产阶级国家与资产阶级国家相混淆,把马克思的这句话歪曲为无产阶级需要资产阶级的国家,只要资本主义国家可以"民主的和平发展",无产阶级就可以不用阶级斗争,直接到达共产主义;或者利用"国家是超阶级的观点",提出无产阶级只需要政治镇压,不需要阶级斗争的"机会主义的偏见和市侩的幻想"①。

  在区分清楚马克思主义与机会主义的国家概念之后,列宁又重新梳理阶级斗争理论,强调了无产阶级专政的必要性、重要性。列宁首先澄清了一个至关重要的事实,即:阶级斗争学说不是由马克思首创,是由资产阶级首先提出。在1852年3月5日致约瑟夫·魏德迈的信中,马克思明确指出:"至于讲到我,无论是发现现代社会中有阶级存在或发现各阶级间的斗争,都不是我的功劳。在我以前很久,资产阶级历史编纂学家就已经叙述过阶级斗争的历史发展,资产阶级经济学家也已经对各个阶级作过经济上的分析。"②列宁之所以要澄清上述事实,是因为当时的第二国际机会主义者们大肆宣扬"马克思学说中的主要之点是阶级斗争",以便将资产阶级创造的理论包装成为马克思的学说。这样既可以把马克思主义理论歪曲为资产阶级可以接受的东西,又可以把资产阶级理论篡改为马克思主义者可以接受的理论。他们(机会主义者)在避重就轻地将无产阶级专政理论忽略掉,为促成资产阶级与无产阶级之间的妥协进行

---

① 《列宁全集》第31卷,人民出版社2017年版,第22—23页。
② 《马克思恩格斯文集》第10卷,人民出版社2009年版,第106页。

第四章 革命及其经验总结

理论铺垫。例如，考茨基在《无产阶级专政》中抨击十月革命，以轻蔑的态度指出，布尔什维克只是"凑巧记起了1875年马克思有一次在信中用过的无产阶级专政这个词儿"①。列宁则是清醒地意识到这一问题的严重性，于是严肃地提出："只有承认阶级斗争、同时也承认无产阶级专政的人，才是马克思主义者。马克思主义者同平庸的小资产者（以及大资产者）之间的最深刻的区别就在这里。必须用这块试金石来检验是否真正理解和承认马克思主义。"②

除了在理论上澄清了机会主义对马克思主义学说的歪曲，列宁还直接领导了十月革命，通过革命实践来证明阶级斗争必然导致无产阶级专政。十月革命胜利后，列宁根据领导和执掌国家政权的经验，强调当务之急是要"管理俄国"。他在十月革命的实践中感受到，资产阶级虽然在军事上和政权上被击败，但是他们在社会的组织能力上、知识和经济方面的优势不可能被迅速消灭，是不可能一下子便被剥夺掉的，他们在相当长的时期内必然试图推翻无产阶级政权。而且，"任何大革命，尤其是社会主义革命，即令不发生外部战争，也决不会不经过内部战争即内战"。因此，从资本主义向社会主义的过渡，"必须有专政"③。正基于此，列宁指出，无产阶级专政"不仅对推翻了资产阶级的无产阶级是必要的，而且对介于资本主义和'无阶

---

① 《列宁全集》第35卷，人民出版社2017年版，第233页。
② 《列宁全集》第31卷，人民出版社2017年版，第32页。
③ 《列宁全集》第34卷，人民出版社2017年版，第175页。

级社会'即共产主义之间的整整一个历史时期都是必要的,——只有懂得这一点的人,才算掌握了马克思国家学说的实质。"①

总而言之,列宁首先抓住马克思恩格斯对于"国家"的定义,然后澄清阶级斗争理论与马克思主义国家学说的关系。分清楚这些概念和学说之后,列宁从理论和实践两个方面强调了无产阶级专政的重要作用。从理论上来说,列宁提出了无产阶级专政的必然性,即"阶级斗争学说经马克思运用到国家和社会主义革命问题上,必然导致承认无产阶级的政治统治,无产阶级的专政"②,因为无产阶级要与资产阶级进行阶级斗争,就必然"需要国家这样一个反对资产阶级的特殊暴力组织"即无产阶级专政。在实践上,只有通过阶级斗争,使无产阶级"成为一切被剥削劳动群众的领袖"③,实现政治统治,才能避免像机会主义那样"只图在资本主义制度下'苟且偷安',为了一碗红豆汤而出卖自己的长子权"④。作为无产阶级的先锋队,工人党要"能够夺取政权并引导全体人民走向社会主义,指导并组织新制度,成为所有被剥削劳动者在不要资产阶级并反对资产阶级而建设自己社会生活的事业中的导师、领导者和领袖"⑤。因此,列宁明确指出:"马克思极其鲜明地表达了两点:第一,他的学说同先进的和最渊博的资产阶级思想家的学说之间的主

---

① 《列宁全集》第 31 卷,人民出版社 2017 年版,第 33 页。
② 《列宁全集》第 31 卷,人民出版社 2017 年版,第 24 页。
③ 《列宁全集》第 31 卷,人民出版社 2017 年版,第 24 页。
④ 《列宁全集》第 31 卷,人民出版社 2017 年版,第 24 页。
⑤ 《列宁全集》第 31 卷,人民出版社 2017 年版,第 24 页。

第四章 革命及其经验总结

要的和根本的区别;第二,他的国家学说的实质。"①而这个实质就是阶级斗争必然导致无产阶级专政,"只有承认阶级斗争、同时也承认无产阶级专政的人,才是马克思主义者"②。

通过阶级斗争所得到的国家机器,因为具有资产阶级性质,并不能直接为无产阶级政权服务,因此必须打碎旧的国家机器。对这一资产阶级国家机器的性质,列宁做了具体分析。他一针见血地指出,资产阶级国家机器具有寄生性,官吏和常备军作为资产阶级国家的两种机构,是"资产阶级社会身上的'寄生物',是使这个社会分裂的内部矛盾所产生的寄生物,而且正是'阻塞'生命的毛孔的寄生物"③,而这种寄生性又根源于资本主义制度的剥削性。总体说来,资本主义制度以及之前的封建贵族制度,都是以私有制为基础。统治阶级只不过是一小部分人,他们依靠政治地位对社会上的大多数人实行剥削,他们本身对社会的贡献少之又少,同时却又享受着被压迫阶级为他们创造的物质条件,因此具有寄生性。也正因为封建贵族制度与资本主义制度具有相同的特征,当资产阶级推翻封建贵族、进行资产阶级专政的时候,并没有打碎旧的国家机器,而只是完善它,使它更好地镇压无产阶级,维护剥削制度。但无产阶级革命则不同,这是以公有制代替私有制,消灭剥削制度,实现人类解放,因此要打碎带有寄生性质的旧的国家机器。而具体

---

① 《列宁全集》第 31 卷,人民出版社 2017 年版,第 31 页。
② 《列宁全集》第 31 卷,人民出版社 2017 年版,第 32 页。
③ 《列宁全集》第 31 卷,人民出版社 2017 年版,第 27 页。

由什么来填补被打碎的国家机器呢？1871 年的巴黎公社作为人类历史上的一次壮举，给马克思主义的探索带来了理论灵感和经验基础。

二、1871年巴黎公社的经验总结

在《国家与革命》第三章和第四章，列宁通过剖析马克思恩格斯对巴黎公社革命经验、教训的系统总结，发挥了马克思主义关于打碎资产阶级国家机器、建立巴黎公社式的无产阶级国家政权的思想，进一步发展了马克思主义关于国家与革命的基本观点。

列宁首先论述了马克思总结 1871 年巴黎公社的历史经验。虽然马克思起初并不认为革命时机已经到来而反对革命，但是当革命真正爆发之后，他又始终以革命先驱的姿态，时刻关注着巴黎的无产阶级斗争，高度赞扬巴黎工人的英雄气概和革命首创精神。巴黎公社运动失败之后，马克思不顾一切反动势力的攻击和迫害，既没有回避，也没有沉默不语，而是在热情讴歌巴黎工人的英勇斗争的同时，深入剖析巴黎公社运动的经验、教训。其中，马克思总结出了无产阶级革命运动的一条至关重要的教训，即："工人阶级不能简单地掌握现成的国家机器，并运用它来达到自己的目的。"① 为此，无产阶级要想实现政治统

---

① 《马克思恩格斯文集》第 3 卷，人民出版社 2009 年版，第 151 页。

第四章 革命及其经验总结

治,建立无产阶级专政,就必须用暴力彻底打碎资产阶级国家机器。这个结论阐明了马克思主义关于无产阶级革命和无产阶级专政的学说。

实际上,马克思在考察1848—1851年欧洲革命时,便已经得出了无产阶级必须用革命暴力打碎资产阶级国家机器的基本结论。这一结论,被后来的巴黎公社运动证明是完全正确的。巴黎公社的正反经验告诉我们:公社是在武装的革命同武装的反革命激烈搏斗中产生的,而公社所犯致命错误,恰恰在于对反革命过于宽大,没有立即向反革命巢穴凡尔赛进军,给了敌人卷土重来的机会。马克思恩格斯认为巴黎公社运动的这个教训有着非常重大的意义,并把它写进1872年《共产党宣言》德文版的序言里,作为对《共产党宣言》阐述的基本原理的完善和补充。什么叫马克思所说的无产阶级"不能简单地掌握现成的国家机器"呢?实际上,就是指工人阶级不要幻想资产阶级会简单地将国家政权拱手相让,工人阶级只能通过暴力革命才能"摧毁"和"打碎"旧的国家机器,从而建立起无产阶级专政的新兴国家机器和制度形式。

列宁继承和发展了马克思恩格斯的这一思想。第一,列宁根据马克思恩格斯对巴黎公社的正反两方面的经验总结,进一步提出:打碎资产阶级国家机器,是无产阶级革命的普遍规律,也是同第二国际的修正主义和机会主义者彻底划清界限的依据。第二国际时期,以伯恩施坦、考茨基为代表的修正主义者和机会主义者从两个方面对马克思"打碎"旧的国家机器这一思想进行歪曲。一是针对马克思强调无产阶级"不能简单地掌握现成的国家机器"这句话,考茨基认为马克思的本意并非是对资产阶级国家政权弃而不用,而是可以使用已有的这些资本主义国家机器,只不过要对旧有的机器加些改造而已。伯恩施坦则是认为,不能简单地掌握则是指要逐渐渗透、缓慢掌握旧有的国家机器,不要采取过激行为。这些说辞就为他们提出的和平过渡理论提供了理论依据。二是马克思提出"打碎"官僚军事国家机器是欧洲大陆"任何一次真正的人民革命的先决条件"①,但是由于当时的历史条件限制,马克思把这个提法限制在欧洲大陆(英美被设想有可能成为例外),因为当时英美还没有庞大的军队和自上而下的官僚机构,所以有可能跳过打碎旧的国家机器这一环节。而伯恩施坦与考茨基则是以此为依据,"借口马克思在七十年代曾经认为英国和美国可能和平过渡到社会主义",来作为他们的"和平过渡"的理论。他们忽略掉了马克思强调的英美是一种例外,在"大陆上的大多数国家中,暴力应当是我们革命的杠杆"。马克思与美国记者兰多尔谈话中指出:当英国资产阶级垄断表决权时,表示接受多数决议,但当认为自己在生命攸关的问题上处于少数时,就会看到"新的奴隶主战争"②。也就是说,当英美资产阶级的官僚机构发展完备后,虽然他们表面上会遵守民主原则。但是,一旦自己的利益受到侵犯,他们也同样会发动新的战争保护自己阶级的利益,

----

① 《列宁全集》第 31 卷,人民出版社 2017 年版,第 36 页。
② 《马克思恩格斯文集》第 3 卷,人民出版社 2009 年版,第 617 页。

第四章 革命及其经验总结

那时无产阶级依然会通过暴力革命打碎旧的官僚军事国家机器。

第二，在阐述了"打碎"旧的国家机器后，列宁根据1871年巴黎公社运动的革命经验，提出"人民革命"的思想，论述了要用无产阶级专政这一新型的国家机器来替代资产阶级国家机器，阐述了工农联盟的重要意义。提出人民革命的思想，这是马克思考察了19世纪70年代欧洲大陆许多国家的阶级对比关系后作出的科学结论。而所谓的"人民革命"的思想，包含了两方面的含义：其一，"人民"一词所包含的阶级以及"人民"的范围；其二，"人民革命"如何保障人民的利益。

在致库格曼的信中，马克思指出，1871年的欧洲大陆，没有哪一个国家的无产阶级占据人民的大多数，所谓真正的人民革命，就是无产阶级和农民这两个绝大多数的阶级都参加的革命。列宁发挥了马克思的这一思想，批判了第二国际机会主义者根本就不懂得什么是真正的人民革命。西欧社会民主党的一些人认为，无产阶级革命是没有同盟者而单独去反对资产阶级和一切非无产阶级和阶层的。比如普列汉诺夫便认为，除了资产阶级和无产阶级外，俄国革命没有其他可以联合的阶级。这种机会主义见解，从根本上否定了无产阶级的领导权和农民同盟军的问题，否定了农民的革命作用。列宁批判了这些修正主义、机会主义的谬论，把资产阶级领导的土耳其革命、葡萄牙革命与无产阶级领导的、人民大众参加的1905—1907年的俄国革命加以对比，指出后者才是真正的人民革命。为什么呢？因为在俄国革命中,工人和农民作为人民群众的大多数都参加了革命,"给整个革命进程打上了自己的烙印"①,提出了政治、经济上的基本要求。在这里,列宁论证了工农联盟的必要性、可能性,提出了由无产阶级领导的、工农结成联盟的人民革命理论。在列宁看来,工人和农民这两个阶级深受官僚国家机器的压迫和剥削,二者的根本利益是一致的。打碎、摧毁官僚国家机器,是他们的真正利益,是实现工农联盟的"先决条件"。没有这个联盟,无产阶级革命就不能胜利。当然,无产阶级政党"丝毫没有忘记小资产阶级的特点",任何时候都不能放弃对农民的领导权,而是帮助、教育他们,以充分发挥农民同盟军的作用。

对于如何保障"人民"权益的问题,列宁引证马克思对巴黎公社采取两项重要的革命措施的论述。其一,公社成立后,宣布了一条旨在粉碎旧国家机器的法令。第一道法令就是废除资产阶级的常备军,以武装的人民(国民革命军)代替资产阶级的常备军和警察。粉碎旧的警察官僚机构,建立"治安委员会"。打碎旧的司法机构,选出司法委员会,建立以选举制为基础的新制度。削弱教会势力,经济上剥夺教会所占有的财产,政治上实行政教分离,打击资产阶级用以愚弄无产阶级思想的手段。其二,以人民的勤务员(公仆)代替资产阶级的官吏。公社设立了十个委员会取代旧的官吏,建立了人民的统治机构。把行

---

① 《列宁全集》第31卷,人民出版社2017年版,第37页。

第四章 革命及其经验总结

政、司法和教育方面的一切职务交给工人或公认的工人阶级的代表担任。这些人员由普选产生，公社委员对选民负责，定期向选民报告工作，受选民监督；不称职的，随时可由选民撤换；公社公职人员的薪金只相当于普遍熟练工人的工资。这两项革命措施的采取，深刻地表明了巴黎公社是第一个具有无产阶级国家性质的政权。

第三，列宁从更宏大的人类历史发展视角，重新思考关于无产阶级夺取政权以后社会发展的阶段划分和国家制度演变的思想。马克思、列宁都认为，在资本主义向共产主义转变的过渡时期，还存在着阶级和阶级斗争，这种阶级斗争是资本主义社会阶级斗争的继续，是过渡时期坚持无产阶级专政的客观原因。只有当阶级彻底消灭了，阶级斗争丧失了存在的理由，无产阶级专政才完成自己的历史使命，失去存在的客观依据。也就是说，只有在过渡时期才有无产阶级专政。过渡时期结束，进入社会主义社会就没有无产阶级专政了，因为社会主义社会是无阶级的社会，自然也就不存在阶级斗争和无产阶级专政。在《国家与革命》第四章中，列宁把"未来共产主义社会的国家制度"称为"非政治国家"[1]；在《国家与革命》第五章，他把"共产主义第一阶段的国家制度"称为"没有资产阶级"的"资产阶级国家"[2]。既然阶级不存在了，作为阶级压迫工具的政治国家也就失去了存在的理由。但是，在社会主义社会，还

---

[1]《列宁全集》第31卷，人民出版社2017年版，第60页。
[2]《列宁全集》第31卷，人民出版社2017年版，第95页。

需要国家进行社会管理,对生产资料进行分配,保卫"各尽所能,按劳分配"的原则和制度。而这个按劳分配的制度虽然优越于资本主义的剥削制度,但由于它用同一尺度即劳动衡量不同的劳动者,而每个劳动者天生就存在差异,所以这种分配制度还存在着事实上的不平等,这种事实上的不平等在形式上仍然属于"资产阶级的权利",所以列宁把共产主义社会第一阶段的国家即"未来共产主义社会的国家制度",称为"半资产阶级国家"、"非政治国家"以及"没有资产阶级"的"资产阶级国家",并且认为它已经失去政治职能,不具有阶级压迫工具的性质,只具有社会管理职能。

三、国家与暴力革命

列宁和马克思、恩格斯一样,都十分重视革命暴力对于社会发展的价值。一旦没有了暴力革命,无产阶级也就不能推翻资产阶级的剥削、压迫,也将难以取得革命的胜利。可以说,是否承认暴力革命对于社会发展的推动作用,也是马克思主义与改良主义、机会主义的根本分歧点。列宁在《国家与革命》中提出,资产阶级国家必然要通过暴力革命来消灭,不能自行消亡。这便涉及了国家与暴力革命之间的关系问题。在列宁的文本语境中,以无产阶级是否为国家的统治阶级为标准,他把国家分为两类。一类是少数人为统治阶级的国家(资产阶级国家),一类是无产阶级国家。例如,列宁在《国家与革命》的准

第四章 革命及其经验总结

备材料——《马克思主义论国家》中,就把资产阶级国家称为"原来意义上的国家",把无产阶级国家称为"不是原来意义上的国家"①。而无产阶级国家如何建立、资产阶级国家与无产阶级国家如何消亡,暴力革命在国家政权的更替中起着什么样的作用,便是《国家与革命》中的关于国家与暴力革命问题的核心所在。

首先,列宁强调资产阶级国家的消亡,必然要与暴力革命相联系。他非常赞同恩格斯对于暴力的基本观点,即:"暴力在历史中还起着另一种作用〈除作恶以外〉,革命的作用;暴力,用马克思的话说,是每一个孕育着新社会的旧社会的助产婆;它是社会运动借以为自己开辟道路并摧毁僵化的垂死的政治形式的工具。"②换言之,社会的进步要通过暴力革命来开辟道路,资产阶级通过暴力革命推翻封建制度,无产阶级通过暴力革命推翻资本主义制度。因为,在阶级社会中,国家政权就是占统治阶级的阶级统治,这种统治本身就是阶级矛盾不可调和的结果,以统治阶级压迫被统治阶级为基础。随着经济社会发展,社会各阶级的力量发生变化,被统治阶级的力量超过了统治阶级,那么统治阶级的平稳的统治状态必然会被打破,一场以暴力革命开始,以政权的更替结束的社会变革便会产生。资产阶级国家也是如此。但是对于无产阶级国家的消亡,则不会通过暴力革命的方式,而是自行消亡。因为无产阶级国家虽然也是

---

① 《列宁全集》第 31 卷,人民出版社 2017 年版,第 161 页。
② 《列宁全集》第 31 卷,人民出版社 2017 年版,第 18 页。

《国家与革命》精学导读

国家,具有国家的本质特征,是无产阶级对资产阶级的阶级压迫,但是无产阶级是多数人对少数人的压迫,更重要的是,无产阶级国家的目的是消灭以私有制为基础的阶级压迫和阶级剥削,无产阶级专政只是在过渡时期的一种暂时状态,随着剥削制度的消灭、资产阶级的消失、无产阶级统治的完善,这种阶级对立的状态就会消失,随着阶级对立阶级压迫的消失,无产阶级国家也就自行消失。简言之,资产阶级国家,因为保留着阶级剥削阶级压迫制度,必然会导致阶级斗争的产生,最终引发暴力革命。而无产阶级国家,目标就是消灭阶级剥削、消灭阶级压迫,随着这一目标的逐步实现,阶级斗争不再存在,国家随着阶级的消失也一并消失,因此不存在暴力革命。

其次,无产阶级国家的建立也是要借助无产阶级的暴力革命,即"无产阶级国家代替资产阶级国家,非通过暴力革命不可"[①]。虽然列宁赞同暴力革命在无产阶级国家政权中的合法性,但是,列宁又严格限制了革命暴力的使用条件和使用对象。

在使用条件上,不同的时期对革命暴力有不同的态度。革命战争时期,可以使用暴力。对剥削者的反抗,不能心慈手软,必须使用暴力手段,进行无情的镇压。但是在无产阶级国家的建设时期,则是谨慎使用暴力。例如,列宁1919年3月在全俄中央执行委员会紧急会议上的讲话中指出:"毫无疑问,没有这一特征,没有革命暴力,无产阶级就不能胜利。但同样毫无疑

---

① 《列宁全集》第31卷,人民出版社2017年版,第20页。

第四章 革命及其经验总结

问,只有在革命发展的一定时期,只有在一定的特殊的条件下,革命暴力才是必要的和合理的革命手段。"① "在这方面,有人在滥用革命暴力,滥用专政,我要警告你们防止这种违法乱纪现象,革命暴力和专政如果用得恰当,该用的时候就用,该用于谁就用于谁,那是很好的东西。但在组织方面是不能用它们的。"② 列宁还在1919年3—4月写的《苏维埃政权的成就和困难》一文中说过:"在有些条件下,暴力不仅是必要的,而且是有益的;在有些条件下,暴力却不能产生任何效果。"因为,革命的胜利是依靠千百万劳动群众的支持取得的,"把千百万劳动群众组织起来,这是革命最有利的条件,这是革命取得胜利的最深的泉源"③。

列宁不仅严格限制革命暴力的使用条件,还严格限制了革命暴力的使用对象。如果对革命暴力对象的范围不加控制,压迫打击人民群众,对无产阶级国家的正常发展是有害的。列宁尤其强调对专家(包括资产阶级专家)和中农不能使用暴力。例如,他在《在全俄水运工人第三次代表大会上的讲话》中指出:"以前的历次革命所以失败,就是因为工人靠强硬的专政不能坚持下去,工人不懂得单靠专政、暴力、强制是坚持不住的;唯有掌握了文明的、技术先进的、进步的资本主义的全部经验,使用一切有这种经验的人,才能坚持得住。"④ "应该珍视每一

---

① 《列宁全集》第36卷,人民出版社2017年版,第69页。
② 《列宁全集》第36卷,人民出版社2017年版,第134页。
③ 《列宁全集》第36卷,人民出版社2017年版,第69页。
④ 《列宁全集》第38卷,人民出版社2017年版,第248页。

个专家,把他们看做技术和文化的唯一财富,没有这份财富,什么共产主义也不可能实现。"① 也就是说,列宁把专家当作人类文明的传播者,其中也包括资产阶级专家,虽然资产阶级专家的世界观仍需改造,但不能因噎废食,对资产阶级专家全盘否定,而是通过和平的方式,对专家进行改造,列宁反复告诫全党,对资产阶级专家绝对不能使用暴力。

另外,列宁认为必须团结中农,对中农也绝对不能使用暴力。在由战时共产主义政策转变为实行新经济政策的过程中,他指出:"中农与富农不同之处在于,他们不剥削他人的劳动。富农掠夺他人的钱财和劳动。贫苦农民,即半无产者是受剥削的人;中农不剥削他人,靠自己经营过活,粮食大致够吃,没有富农化。"② 他反对对中农使用任何暴力,认为对中农使用暴力是违法乱纪的,用暴力对待中农是极有害的。

关于暴力革命与国家方面,列宁继承马克思与恩格斯的思想,认为在推翻资产阶级统治,建立无产阶级国家政权时,暴力革命是必不可少的手段。资产阶级的国家消亡必定要通过暴力革命手段,而无产阶级国家的消亡则是随着阶级斗争的消失而自行消亡。在继承的同时,列宁又根据实践经验发展了马恩的思想,提出在建设无产阶级国家时,一定要谨慎使用暴力,对于人民群众,甚至对于社会中的资产阶级专家和中农,都是团结的对象,不能滥用暴力。

---

① 《列宁全集》第38卷,人民出版社2017年版,第249页。
② 《列宁全集》第36卷,人民出版社2017年版,第14页。

第四章 革命及其经验总结

四、革命与无产阶级专政

无产阶级专政理论是马克思主义国家与革命学说的重要组成部分，在马克思主义理论体系中占有十分重要的地位。要弄清楚列宁在《国家与革命》中对"革命与无产阶级专政"这一思想的发展，首先就要从理论源头上对无产阶级专政理论进行梳理。

马克思主义关于无产阶级专政的学说，从来就不是一蹴而就的，而是千锤百炼的结果。马克思主义的无产阶级专政理论的创立，基本上经历了理论论证推翻资产阶级统治，实践指导无产阶级进行政治统治，最终形成建立无产阶级专政这一理论的发展过程。

1848年欧洲革命前夕，恩格斯在《共产主义者和卡尔·海因岑》一文中指出："在所有的文明国家，民主主义的必然结果都是无产阶级的政治统治，而无产阶级的政治统治又是实行一切共产主义措施的首要前提。"[①] 不仅之后，马克思在《道德化的批评和批评化的道德》中将这一观点具体化，指出："现代的资产阶级财产关系靠国家权力来'维持'，资产阶级建立国家权力就是为了保卫自己的财产关系。因此，哪里的政权落到资产阶级手里，哪里的无产者就必须将它推翻。无产者本身必须成

[①]《马克思恩格斯文集》第1卷，人民出版社2009年版，第666页。

为权力,而且首先是革命的权力。"①也就是说,无产阶级革命胜利之后,必须要以无产阶级的政治统治代替资产阶级的政权。马克思和恩格斯曾经提出的那个模糊的联合体构想,也逐渐清晰了起来。马克思、恩格斯在《共产党宣言》中也指出:"工人革命的第一步就是使无产阶级上升为统治阶级,争得民主。无产阶级将利用自己的政治统治,一步一步地夺取资产阶级的全部资本,把一切生产工具集中在国家即组织成为统治阶级的无产阶级手里,并且尽可能快地增加生产力的总量"②。列宁在《国家与革命》中高度评价了马克思恩格斯的这一思想:"在这里我们看到马克思主义在国家问题上一个最卓越最重要的思想即'无产阶级专政'……这个思想的表述。"③马克思恩格斯的这些话语虽然没有包含无产阶级专政这一术语,但是已经明确了无产阶级代替资产阶级进行政治统治的思想。

马克思恩格斯在总结欧洲1848年革命经验时,最终明确提出了"无产阶级专政"概念,丰富和发展了无产阶级专政理论。此后,他们便开始强调无产阶级专政的重要性,比如恩格斯在《英国工人阶级状况》序言中说道:"特别是在末尾,很强调这样一个论点:共产主义不是一种单纯的工人阶级的党派性学说,而是一种最终目的在于把连同资本家在内的整个社会从现存关系的狭小范围中解放出来的理论。这在抽象的意义上是正确的,

---

① 《马克思恩格斯全集》第4卷,人民出版社1958年版,第331页。
② 《马克思恩格斯文集》第2卷,人民出版社2009年版,第52页。
③ 《列宁全集》第31卷,人民出版社2017年版,第22页。

第四章 革命及其经验总结

然而在实践中在大多数情况下是无益的,甚至是有害的……现在也还有不少人,站在不偏不倚的高高在上的立场向工人鼓吹一种凌驾于一切阶级对立和阶级斗争之上的社会主义,这些人如果不是还需要多多学习的新手,就是工人的最凶恶的敌人,是披着羊皮的豺狼。"①

马克思主义的无产阶级专政理论,具体包括以下基本要点。第一,无产阶级专政要与过渡时期相联系。1852年,马克思在致约瑟夫·魏德迈的信中这样说道:"无论是发现现代社会中有阶级存在或发现各阶级间的斗争,都不是我的功劳。在我以前很久,资产阶级历史编纂学家就已经叙述过阶级斗争的历史发展,资产阶级经济学家也已经对各个阶级作过经济上的分析。我所加上的新内容就是证明了下列几点:(1)阶级的存在仅仅同生产发展的一定历史阶段相联系;(2)阶级斗争必然导致无产阶级专政;(3)这个专政不过是达到消灭一切阶级和进入无阶级社会的过渡。"② "在资本主义社会和共产主义社会之间,有一个从前者变为后者的革命转变时期。同这个时期相适应的也有一个政治上的过渡时期,这个时期的国家只能是无产阶级的革命专政。"③ 马克思恩格斯通过对未来社会的发展阶段进行划分,将无产阶级专政与过渡时期相联系,科学地说明了无产阶级革命胜利以后,社会发展和国家制度的演变。

---

① 《马克思恩格斯文集》第1卷,人民出版社2009年版,第370—371页。
② 《马克思恩格斯文集》第10卷,人民出版社2009年版,第106页。
③ 《马克思恩格斯文集》第3卷,人民出版社2009年版,第444页。

第二,必须打碎旧的国家机器,代之以无产阶级专政。马克思恩格斯通过对巴黎公社的实践经验的总结,论证和深化了打碎国家机器与无产阶级专政之间的关系。马克思在《法兰西内战》指出:"无产阶级不能像统治阶级及其互相倾轧的各党各派在历次胜利的时刻所做的那样,简单地掌握现存的国家机体并运用这个现成的工具来达到自己的目的。"① 为什么呢?这是因为"奴役他们的政治工具不能当成解放他们的政治工具来使用"②。只有打碎了旧的国家机器,以人民的武装代替旧的常备军,实行多数人对少数人的专政,才能使无产阶级获得解放。

第三,彻底取消私有制,改造社会经济制度。"生产者的政治统治不能与他们永久不变的社会奴隶地位并存。所以,公社要成为铲除阶级赖以存在、因而也是阶级统治赖以存在的经济基础的杠杆。"③"要把现在主要用做奴役和剥削劳动的手段的生产资料,即土地和资本完全变成自由的和联合的劳动的工具,从而使个人所有制成为现实。"④ 简单说来,公社要成为废除私有制的杠杆。公社的杠杆作用体现在,将生产资料(包括土地和资本)由私有制变成个人所有制,实现劳动者对劳动工具的自由占有和使用。马克思将取消资产阶级私有制作为无产阶级专政的基本原则。

---

① 《马克思恩格斯文集》第3卷,人民出版社2009年版,第218页。
② 《马克思恩格斯文集》第3卷,人民出版社2009年版,第218页。
③ 《马克思恩格斯文集》第3卷,人民出版社2009年版,第158页。
④ 《马克思恩格斯文集》第3卷,人民出版社2009年版,第158页。

第四章 革命及其经验总结

第四,以工农联盟为基础,建立真正民主化的政治和文化制度。马克思恩格斯根据巴黎公社的经验,提出无产阶级专政的国家必须以工农联盟为基础。路易·波拿巴虽然最终称帝,但是他起初是被法国农民选为共和国总统的,因此法兰西第二帝国被认为是在法国农民的支持下诞生的。这很容易造成一种假象——农民似乎成了统治阶级,"巴黎以及其他法国城市都是处在农民统治的压迫下,巴黎现在的斗争是为了从农民的统治下解放出来"①取代旧的资产阶级国家政权中城市对农村的剥削和压迫。马克思恩格斯清醒地看到这其中的错误,农民只不过是受封建帝国的资产阶级议会共和国压迫的阶级,国家的战争赔款、统治阶级的奢靡费用,都需要农民来支付。只有真正建立起由无产阶级所领导的廉价政府——公社,农民才能获得解放。在马克思看来,在19世纪70年代的法国,巴黎公社不仅"代表着工人阶级和小资产阶级的利益",也代表着"全体中等阶级的利益","首先它代表的是法国农民的利益";巴黎公社"是唯一在目前经济条件下就能立即给农民带来莫大好处的政权"②,"他们既然能立即受惠于公社共和国,必将很快地对它产生信任"③,"农民很快就会欣然接受城市无产阶级为他们自己的领导者和老大哥!"④同时,巴黎公社的经验还说明,无产

---

① 《马克思恩格斯文集》第3卷,人民出版社2009年版,第211页。
② 《马克思恩格斯文集》第3卷,人民出版社2009年版,第202页。
③ 《马克思恩格斯文集》第3卷,人民出版社2009年版,第202—203页。
④ 《马克思恩格斯文集》第3卷,人民出版社2009年版,第201页。

阶级专政的国家将废除旧的国家政权对人民进行精神压迫的工具,"政府的压迫力量和统治社会的权威就随着它的纯粹压迫性机构的废除而被摧毁,而政府应执行的合理职能,则不是由凌驾于社会之上的机构,而是由社会本身的承担责任的勤务员来执行"①;同时建立与新的社会经济制度相适应的意识形态和教育制度。

列宁在马克思、恩格斯创立的无产阶级专政理论基础之上,根据十月革命的实践经验,在多方面丰富和发展了无产阶级专政理论。主要表现在以下两个方面:第一,无产阶级专政是无产阶级革命的普遍规律;无产阶级专政是检验是否真正理解和承认马克思主义的试金石。列宁认为:"资产阶级国家的形式虽然多种多样,但本质是一样的:所有这些国家,不管怎样,归根到底一定都是资产阶级专政。从资本主义向共产主义过渡,当然不能不产生非常丰富和多样的政治形式,但本质必然是一样的:都是无产阶级专政。"②

第二,无产阶级专政不仅是实现社会主义的根本保障,同时也承载着建设社会主义的具体任务。这些任务主要包括:镇压资产阶级和其他剥削阶级的反抗和复辟活动;建设巩固的国防;维护和贯彻执行社会主义法制;建立社会主义经济制度;进行社会主义建设,发展社会生产力,建设高度的社会主义物质文明;发展科学文化教育事业,建设高度的社会主义精神文

---

① 《马克思恩格斯文集》第3卷,人民出版社2009年版,第223页。
② 《列宁全集》第31卷,人民出版社2017年版,第33页。

第四章　革命及其经验总结

明等。从这些无产阶级专政的任务中可以看出，无产阶级专政既需要暴力手段，也需要和平手段，但是无论通过什么手段，无产阶级专政的最终目的是建成消灭一切阶级差别和阶级存在的社会主义社会，最终实现人的彻底解放。

第五章　对各种错误思潮的批判

国家政权问题是革命的根本问题。然而，国家问题却被资产阶级和小资产阶级的思想家们、形形色色的机会主义者和无政府主义者搅得混乱不堪，尤其是伯恩斯坦、考茨基、普列汉诺夫等第二国际的机会主义领袖们严重歪曲和篡改马克思恩格斯的国家学说，混淆了马克思主义对国家的态度，模糊了无产阶级在革命中的任务。因此，批判各种歪曲马克思主义国家学说的错误思潮，向群众说明无产阶级革命对国家的态度，是20世纪初期无产阶级理论家、革命家的重要任务。在《国家与革命》的第四章、第六章，以及其他一些章节中，列宁立足国家与革命的关系问题，深入批判了无政府主义者、机会主义者在国家与革命问题上的错误观点，为无产阶级开展社会主义革命指明了方向，明确了路径。

一、对无政府主义的批判

无政府主义作为一种小资产阶级思潮，起源于19世纪中叶的欧洲，主要是以无权力、无领导、无秩序的"三无"主张为

第五章 对各种错误思潮的批判

思想内核,反映的是小资产阶级的革命性转向反面和个人主义的恶性膨胀,以德国的施蒂纳、法国的蒲鲁东为典型代表人物。随着俄国资本主义的发展和小生产者的日益破产,无政府主义在19世纪下半叶传入俄国,赢得了一大批信徒,其中以巴枯宁影响最大。

1. 无政府主义的危害

历史地看,无政府主义的产生有着特定的社会根源和生成土壤,本质上是小资产阶级、小生产者对资产阶级统治的反抗。然而,在国际共产主义运动史上,无政府主义浪潮却严重阻碍了工人运动的发展,是马克思主义的重要敌人。一方面,19世纪七八十年代以来,混进国际工人运动的无政府主义者"用行动做宣传"的浪潮曾经泛滥一时,尤其是他们在进入90年代之后采取刺杀等恐怖活动,造成严重的社会混乱,不仅当时的各国政府对此予以严厉镇压,而且普通群众也深感厌恶,使得无产阶级运动顺带丧失了群众的同情、支持。再者,直到19世纪八九十年代,一般人心目中都保留着无政府主义是一种社会主义甚至是社会主义运动的"左翼"的错误印象,给各国反动政府提供了一种迫害无产阶级领袖、镇压社会主义运动的借口,使得各种反动镇压措施也被加到马克思主义者的头上。比如,因撰写《无政府主义和社会主义》而赢得"反无政府主义英雄"盛名的普列汉诺夫,也在他刚写完这本小册子的1894年夏天,被法国资产阶级政府当作"无政府主义者",从他寓居多年的萨伏伊驱逐出境。另一方面，无政府主义的理论宣传用小资产阶级社会主义代替科学社会主义，严重模糊了无产阶级的阶级意识，诱使他们离开阶级斗争的正确轨道，尤其是诸多无政府主义者混入无产阶级政党，大肆兜售他们的思想主张，是无产阶级政党出现思想混乱的重要因素。而且，无政府主义的广泛传播，也混淆了无产阶级革命对国家的态度，模糊了无产阶级在革命中的任务，在某种程度上是诸多"马克思主义者"蜕变为机会主义者、诸多工人阶级政党走向分裂的重要诱因。因此，彻底打退无政府主义者的反动浪潮，彻底批判他们的错误理论和策略，阐明马克思主义和无政府主义在国家问题上的本质区别，进而揭露无政府主义理论和实践的危害，自然而然地成为无产阶级理论家、革命家的一项紧迫的理论任务和实践任务。①

2. 无产阶级革命家对无政府主义的批判

马克思恩格斯首先批判了无政府主义者的错误思想，留下了《政治冷淡主义》《论权威》等著作。马克思恩格斯曾在1873年与蒲鲁东主义者即"自治论者""反权威主义者"展开思想论战。在《政治冷淡主义》中，马克思讥笑蒲鲁东主义者时写道："如果工人阶级的政治斗争采取暴力的形式，如果工人建立起自己的革命专政来代替资产阶级专政，那他们就犯了违反原则的滔天大罪，因为工人为了满足自己低微的平凡的日常需要，为

---

① 参见王荫庭：《评普列汉诺夫〈无政府主义和社会主义〉》，《南京政治学院学报》2017年第1期。

第五章 对各种错误思潮的批判

了粉碎资产阶级的反抗,竟不放下武器,不废除国家,而赋予国家以一种革命的暂时的形式。"① 可以说,马克思恩格斯对无政府主义的批判,是列宁后来深度剖析无政府主义尤其是批判考茨基、普列汉诺夫、布哈林等人对无政府主义的错误观点的重要思想基础。

考茨基、普列汉诺夫等第二国际理论家也对无政府主义进行了批判,留下《无政府主义和社会主义》等著作。在各国政府的严厉镇压下,无政府主义者的活动曾有所收敛,但是进入19世纪九十年代后又开始回潮,加之他们的理论宣传有增无减,给国际工人运动带来巨大危害。第二国际理论家们为此对无政府主义展开批判,其中影响最大的是普列汉诺夫。1894年2月,德国社会民主党中央指挥部函请普列汉诺夫,约请他写一本专门批判无政府主义的小册子,刚刚经历丧女之痛的普列汉诺夫毅然接受,花费了两个月时间用法文写成《无政府主义和社会主义》,并于1894年6月译成德文首次发表。在马克思主义文献史上,《无政府主义和社会主义》"运用唯物史观基本原理第一次系统地、集中地、扼要地、深刻地分析批判了无政府主义主要头目的'历史哲学',即批判了他们的资产阶级个人主义世界观、人性论和空想主义的唯心史观",批判了无政府主义主要代表的"政治哲学"、经济理论和经济纲领,"在19世纪末到20世纪第一个三分之一时期在同无政府主义者和无政府工团主义者的斗争中为巩固社会民主党人的阵营,起了根本性

---

① 《马克思恩格斯文集》第3卷,人民出版社2009年版,第339—340页。

的作用"①。同时需要指出的是,虽然这本小册子确实为批判无政府主义提供了重要的理论价值和实践意义,而且对于列宁认识无政府主义、批判无政府主义产生了重大影响,但是这本小册子也有其缺点、错误,其中最主要的错误就是列宁后来在《国家与革命》所批判的"回避了整个国家问题"。对此,我们将在下文进行详细分析。

相较于西欧国家而言,资本主义尤其是大工业在俄国的发展相对缓慢,使得无政府主义在俄国有着肥沃的生存土壤。自19世纪下半叶传入俄国以来,无政府主义便赢得了一大批信徒,成为马克思主义在俄国的传播和俄国工人运动的重要敌人。以布哈林为代表的俄国无产阶级理论家、革命家对其进行严厉批判,为列宁写作《国家与革命》以及进一步批判无政府主义提供了重要价值。

1916年12月,布哈林在《青年国际》第6期发表《帝国主义强盗国家》。在文中,他得出如下两个基本结论:"……如果以为社会主义者和无政府主义者之间的区别在于前者赞成国家,后者反对国家,那就完全错了。实际上,区别是在于革命的社会民主党想要组织新的社会生产,集中的生产,即技术上最进步的生产;而分散的无政府主义的生产只能意味着向旧技术、向旧生产形式倒退。""社会民主党是或者至少应当是群众的教师,它现在比任何时候都更加需要强调自己在原则上敌视

---

① 王荫庭:《评普列汉诺夫〈无政府主义和社会主义〉》,《南京政治学院学报》2017年第1期。

第五章 对各种错误思潮的批判

国家……目前的战争表明,国家观念的根蒂已经深深渗入工人的心灵。"对于布哈林的上述观点,列宁从一开始就不同意,并在多封书信中表达了自己的意见和观点,但是布哈林拒不接受。在《帝国主义强盗国家》发表之后,列宁随即写了《青年国际》短评予以批判。列宁指出,布哈林的前一个结论"是不对的",布哈林提出的问题"是社会主义者和无政府主义者对国家的态度有什么不同,但他回答的不是这个问题,而是另一个问题:是他们对未来社会经济基础的态度有什么区别"。在列宁看来,虽然"这是一个很重要的和必要的问题。但是由此不能得出结论说,可以忘记社会主义者和无政府主义者在对国家态度上的主要区别","社会主义者主张在争取工人阶级解放的斗争中利用现代国家及其机关,同样也主张必须利用国家作为从资本主义到社会主义的特殊的过渡形式。无产阶级专政就是这样的过渡形式,它也是一种国家。"列宁进一步批判指出,无政府主义者主张"废除"国家,把国家"炸毁",而布哈林却错误地把这种观点"加在了社会主义者身上","社会主义者……承认在资产阶级被剥夺以后,国家会'自行消亡',逐渐'自行停止'"。简言之,布哈林《帝国主义强盗国家》名义上批判无政府主义,实际上根本没有阐明社会主义者和无政府主义者对国家的态度问题的根本区别,反而把无政府主义者想"废除""炸毁"国家的观点加给社会主义者,说什么社会民主党"在原则上敌视国家"。[①] 在

[①] 《列宁全集》第 28 卷,人民出版社 2017 年版,第 289—290 页。

《国家与革命》精学导读

"蓝皮笔记"中,列宁谈及马克思主义者同无政府主义者对国家的态度的区别时,这样写道:"我们主张(α)现在利用国家,并且(β)在无产阶级革命时期利用国家('无产阶级专政'),——这两点现在就对实践极其重要。"而且列宁还专门注道:"布哈林正是忘记了这两点!"① 可见,布哈林在《帝国主义强盗国家》一书中,试图厘清无政府主义与马克思主义对国家的态度的区别,实质并没有搞清楚,反而走向了机会主义。

总体说来,考茨基、普列汉诺夫、布哈林等人均在特定时期对无政府主义作出批判,但是他们并没有把握到问题的关键,没有认识到马克思主义者和无政府主义者对国家的态度的本质区别,反而是采取了有利于机会主义和助长机会主义的躲躲闪闪的态度,乃至考茨基、普列汉诺夫也逐步沦为机会主义者。或许正基于此,列宁将对布哈林的批判延伸到对考茨基、普列汉诺夫的批判,强调从理论源头彻底揭露马克思主义者和无政府主义者对国家的态度的区别的特殊价值。列宁的这一批判,主要是在《国家与革命》中完成的。

3.《国家与革命》对无政府主义的批判

在《国家与革命》和"蓝皮笔记"中,列宁并没有像普列汉诺夫那样看似"系统地"批判无政府主义,而是把握了反对无政府主义的斗争中最现实、最迫切、政治上最重要的问题,即无产阶级革命对国家的态度,剖析了考茨基、普列汉诺夫、

---

① 《列宁全集》第31卷,人民出版社2017年版,第156页。

第五章　对各种错误思潮的批判

布哈林等人批判无政府主义时的缺点和错误，系统阐明了马克思主义者与无政府主义者对国家的态度的本质区别。

考茨基在与潘尼库克论战时强调："到目前为止，社会民主党人与无政府主义者之间的对立，就在于前者想夺取政权，后者却想破坏国家政权。潘涅库克则既想这样又想那样。"列宁认为考茨基的观点是错误的，并在《国家与革命》揭露了马克思主义者与无政府主义者对国家的态度的本质区别，批判了无政府主义的主要观点，即："（1）马克思主义者的目的是完全消灭国家，但他们认为，只有在社会主义革命把阶级消灭之后，即导向国家消亡的社会主义建立起来之后，这个目的才能实现；无政府主义者则希望在一天之内完全消灭国家，他们不懂得实现这个消灭的条件。（2）马克思主义者认为无产阶级在夺得政权之后，必须彻底破坏旧的国家机器，用武装工人的组织组成的、公社那种类型的新的国家机器来代替它；无政府主义者主张破坏国家机器，但是，他们完全没有弄清楚无产阶级将用什么来代替它以及无产阶级将怎样利用革命政权；无政府主义者甚至否定革命无产阶级应利用国家政权，否定无产阶级的革命专政。（3）马克思主义者主张通过利用现代国家来使无产阶级进行革命的准备；无政府主义者则否定这一点。"[①] 可以说，列宁围绕马克思主义者与无政府主义者对待国家的态度问题，从国家是被废除的还是自行消亡的、是否需要打碎旧的国家机器

[①]《列宁全集》第31卷，人民出版社2017年版，第108—109页。

以及用什么东西来代替、是否需要利用现代国家政权和议会这三个基本问题出发,强调了无政府主义"关于废除国家的观念是糊涂的,而且是不革命的"①,明确了无产阶级在革命中的任务。

第一,批判无政府主义者的"废除"国家论,重申了马克思主义的国家"自行消亡"观点。正如前文所言,无政府主义坚持无权力、无领导、无秩序的"三无"主张,倡导"废除"国家、"炸毁"国家,而且无政府主义的"同伴们"也确实进行了诸如暗杀等一系列个人恐怖活动,试图瞬间彻底破坏资产阶级的国家机器。然而,唯物主义历史观强调经济基础与上层建筑的辩证统一关系,指出国家消亡是以特定经济原因为基础的,是不以人的主观意志为转移的。面对考茨基、布哈林的错误观点,列宁在《国家与革命》重申恩格斯"国家不是'被废除'的,它是自行消亡的"②的结论,强调了国家自行消亡理论"是既反对机会主义者又反对无政府主义者的"③的观点。一方面,唯物主义历史观强调国家是阶级斗争的产物,随着社会生产力的高度发展和人的自由全面发展,作为一个阶级压迫另一个阶级的工具的国家机器,必将被送进历史博物馆,这是历史的必然。另一方面,国家消亡是一个自然的历史的过程,无产阶级革命推翻资产阶级国家机器并不意味着国家的真正消亡,只有

---

① 《列宁全集》第 31 卷,人民出版社 2017 年版,第 60 页。
② 《马克思恩格斯文集》第 9 卷,人民出版社 2009 年版,第 298 页。
③ 《列宁全集》第 31 卷,人民出版社 2017 年版,第 17 页。

第五章　对各种错误思潮的批判

在社会主义革命将阶级彻底消灭之后，国家消亡才会成为现实。总而言之，无政府主义者只是从个人的主观意志出发，不去考虑国家消亡的客观条件，认为只要彻底破坏了国家机器就可以真正实现自由，这是一种空想，必将走向失败。

第二，批判无政府主义者只主张破坏国家机器而不提出用什么来代替的模糊观念，重申了坚持无产阶级革命专政的重要性。列宁在《国家与革命》中写道："在废除国家是目的这个问题上，我们和无政府主义者完全没有分歧。我们所断言的是，为了达到这个目的，就必须暂时利用国家权力的工具、手段、方法去反对剥削者，正如为了消灭阶级，就必须实行被压迫阶级的暂时专政一样。"[①] 在列宁看来，"无政府主义者正是企图把巴黎公社宣布为所谓'自己的'，说它证实了他们的学说，然而他们根本不懂得公社的教训和马克思对这些教训的分析。对于是否需要打碎旧的国家机器以及用什么东西来代替这两个具体政治问题，无政府主义者连一个比较接近真理的答案都没有提出过"[②]。可以说，无政府主义者只考虑用暴力去破坏国家机器，至于破坏之后应该怎么做则不在他们的考虑范围之内。无政府主义者的这种想法是极其荒谬、极端不负责任的幼稚想法，他们认为巴黎公社运动是他们自己的思想的产物，却没有认识到巴黎公社走向失败的经验、教训。如果只是一味地幻想着通过几次暗杀就能实现革命胜利，那只会陷入空想。退一万步讲，

[①]《列宁全集》第31卷，人民出版社2017年版，第57页。
[②]《列宁全集》第31卷，人民出版社2017年版，第100页。

假如无政府主义者真的成功炸毁了资产阶级国家机器，那之后又该怎么办呢？难道没有了国家机器就能真正实现个人自由？这不过是无稽之谈。在《国家与革命》中，列宁坚持唯物史观和辩证唯物主义，深刻把握马克思《法兰西内战》对巴黎公社的教训的剖析，强调解放无产阶级的革命事业并不是一蹴而就的，必须在打碎资产阶级国家机器的基础上，充分利用无产阶级政权，为国家自行消亡创造条件。

第三，批判无政府主义者不懂得利用现代国家政权和议会，强调无产阶级要根据革命形势利用资产阶级国家机器。在"蓝皮笔记"中，列宁分析了无政府主义和科学社会主义对于是否要利用现代国家政权和议会的态度问题。他指出，无政府主义的回答是"不利用"，而科学的社会主义的回答是"要利用，但不是照过去那样，而只是像卡尔·李卜克内西那样，即（α）为了领导革命的行动，而不是做运动的尾巴；——（β）为了服务于革命的群众运动；——（γ）在这种运动的监督之下；——（δ）经常把合法工作和秘密工作结合起来；——（ε）经常同机会主义者和工人运动的官吏作斗争，同他们斗到底，直到和他们分裂。"①在《国家与革命》中，列宁进一步强调马克思善于无情地摒弃无政府主义，"鄙视它甚至不会利用资产阶级议会这个'畜圈'，特别是在显然不具备革命形势的时候，但同时马克思又善于给议会制一种真正革命无产阶级的批评"②。

---

① 《列宁全集》第31卷，人民出版社2017年版，第186页。
② 《列宁全集》第31卷，人民出版社2017年版，第43页。

第五章 对各种错误思潮的批判

简言之,对于是否利用现代国家政权和议会的问题,无政府主义者持否定态度,而马克思主义者则持开放态度。纵观19世纪以来的国际工人运动历程,工人阶级起初确实主要采取暴力途径,但是随着资产阶级政府调整统治方式,工人阶级逐步获得了代表权、选举权,议会成为工人阶级开展政治斗争、实现自身利益的重要平台,使得第二国际时期的绝大多数社会主义工人政党"在1871年巴黎公社革命失败后欧美处于相对和平发展条件下争取通过议会合法斗争逐步取得政权,对资本主义社会进行逐步改造"①。正如列宁强调"马克思从来没有像普列汉诺夫和考茨基等人那样,把革命的辩证法看做是一种时髦的空谈或动听的辞藻"②,虽然马克思恩格斯从未放弃暴力革命,始终强调暴力革命对于实现人的解放的重要性,但是他们也没有将和平方式拒之门外,他们曾多次强调了和平的议会斗争对于实现无产阶级政治统治的重要价值,他们善于根据革命形势的变化,辩证地看待资本主义社会的"现代国家"。因此,列宁严厉批判了无政府主义者不懂得合理利用现代国家政权和议会来推进政治斗争的主张,强调无产阶级要善于利用现代国家政权来实现自身目的。同时需要指出的是,列宁在对现代国家政权和议会的态度上坚持了革命的辩证法,和考茨基等人的倡导有着本质区别,对此将在下文予以分析。

---

① 高放:《社会主义运动:从理论到实践的转变(1848—1917)》,北京师范大学出版社2018年版,第283页。
② 《列宁全集》第31卷,人民出版社2017年版,第43页。

二、对普列汉诺夫机会主义的批判

机会主义是马克思主义的重要敌人。所谓机会主义,一般也称投机主义,是工人运动或无产阶级政党内部出现资产阶级或小资产阶级思想的反映,主要包括"左"倾机会主义和右倾机会主义两大类型。"左"倾机会主义也称冒险主义,表现为在革命和建设中或是空想和盲目,急于求成,采取盲目冒险的行动;或是混淆不同性质的矛盾,采取残酷斗争和打击。右倾机会主义也称投降主义,表现为思想落后于实际,拘泥保守,只顾眼前的局部利益,或是过高估量敌人力量,主张走中间路线,放弃革命,害怕革命;或是过低估计人民群众的力量,散播悲观情绪,看不到革命的有利形势和人民群众的作用。① 翻阅《国家与革命》,列宁围绕国家与革命的关系问题,批判了考茨基、普列汉诺夫等人的机会主义错误,坚持和捍卫了马克思主义国家学说,明确了无产阶级在社会主义革命中建立无产阶级专政的任务。现在,我们结合普列汉诺夫的思想演变历程,先来把握列宁对普列汉诺夫与无政府主义者论战时完全回避国家问题的机会主义错误的批判。

1.作为马克思主义者的普列汉诺夫

假如给普列汉诺夫贴上身份标签的话,他可能会有三个称

---

① 参见朱晓林、双传学:《论列宁对俄国社会错误思潮的批判及其启示》,《广西社会科学》2015年第7期。

第五章 对各种错误思潮的批判

谓——"民粹主义者""马克思主义者""机会主义者"。这三个身份标签实质也体现了普列汉诺夫的思想演变历程。虽然列宁在《国家与革命》等著作中无情批判了普列汉诺夫的机会主义错误,但这并不表示普列汉诺夫从一开始便是一名彻彻底底的机会主义者,更没有意味着列宁全盘否定普列汉诺夫在马克思主义发展史、俄国社会主义运动史上的地位。对此,我们必须坚持辩证唯物主义,既要批判普列汉诺夫作为机会主义者的缺点、错误,又要正确认识他作为马克思主义者的功绩。

列宁在评价普列汉诺夫的功绩时曾这样说道:"在1883—1903年的20年间,他写了很多卓越的著作,特别是反对机会主义者、马赫主义者和民粹主义者的著作。"[①] 普列汉诺夫的第一重身份标签是"民粹主义者",但是由于民粹主义运动在19世纪七十年代末期陷入困境,尤其是随着他系统学习马克思恩格斯的著作,贪婪地研读马克思主义文献,他开始怀疑、反思和批判民粹主义,逐渐成长为一名马克思主义者。自从他选择了马克思主义,逐步掌握了马克思主义的理论和方法,他便将研究、阐释、传播、践行马克思主义的理论主张作为自身使命,运用马克思主义的理论和方法批判各种错误思想并取得显著成果。比如,普列汉诺夫在1883—1898年间将马克思主义作为批判民粹主义的利器,先后写下《社会主义和政治斗争》《我们的意见的分歧》《论一元历史之发展》《论个人在历史上的作用》

[①]《列宁全集》第25卷,人民出版社2017年版,第297页。

等著作,"揭示出民粹主义的理论来源是蒲鲁东和巴枯宁的无政府主义"①,大声疾呼"在爆炸冬宫时,也应当同时炸毁我们的陈旧的无政府主义和民粹主义的传统"②,率先给予民粹主义以沉重打击。尤其是,普列汉诺夫在1894年写成了后来被列宁指定为"共产主义必读丛书"之一的著作——《无政府主义和社会主义》,系统批判无政府主义的理论基础、基本主张和实践策略。可以说,普列汉诺夫对民粹主义、无政府主义等错误思想的批判,为马克思主义在俄国的传播,尤其是俄国无产阶级政党的成立奠定了基础。此外,普列汉诺夫还将唯物主义历史观应用于欧洲哲学史、俄国社会思想史和马克思主义文艺理论这三大领域,在社会结构学说上提出"五项论",深刻阐释个人的历史作用,明确提出了地理环境对社会发展的作用是生产力的"函数"等原创性观点,对历史唯物主义理论作出了重要创新性贡献。总体说来,在从恩格斯去世到第一次世界大战前夕的近20年间,"在国际共运和马克思主义队伍中,普列汉诺夫在理论上的威望是最高的,他在国际上的影响是超过列宁的"③。

同时,普列汉诺夫还是国际共产主义运动的著名领袖之一,是俄国无产阶级政党的主要创始人之一,对俄国早期无产阶级革命事业发展有着举足轻重的作用。早在1882年,普列汉诺夫便将《共产党宣言》翻译成俄文并在日内瓦出版,马克思恩格

---

① 邓超:《对普列汉诺夫评价的几点思考》,《当代世界与社会主义》2017年第2期。
② 《普列汉诺夫文选》,人民出版社2010年版,第34页。
③ 高放:《普列汉诺夫在历史上的作用》,《江西社会科学》1994年第7期。

第五章　对各种错误思潮的批判

斯专门为之撰写序言；1883年9月，普列汉诺夫与查苏利奇、阿克雪里罗得等人在日内瓦创建了俄国历史上的一个马克思主义组织——"劳动解放社"，为推动马克思主义在俄国的传播、为建立马克思主义的俄国社会主义政党开展了一系列活动，直接促成了俄国社会民主工党的成立，尤其是普列汉诺夫在俄国社会民主工党第二次代表大会上被推选为该党的总委员会主席，也是俄国共产党历史上唯一担任过主席的人物，领导俄国无产阶级政党取得快速发展。普列汉诺夫还是第二国际创始人之一，而且他长期作为第二国际领导机构中的委员，为国际共产主义运动发展作出重要贡献。再者，普列汉诺夫在列宁从普通革命者成长为革命领袖的漫长历程中也发挥了重要作用，甚至可以说是他的伯乐和领路人。列宁正是在普列汉诺夫的直接推荐下才成为第二国际的领导人之一。

可以说，在第一次世界大战之前，普列汉诺夫无论在马克思主义研究领域，还是在无产阶级革命事业方面，都是极其成功的，对马克思主义的传播与发展、国际共产主义运动事业发展具有不可磨灭的伟大功绩。然而，伴随时间推移，普列汉诺夫的革命态度日趋保守，思想逐步僵化，最终沦为机会主义者。

2. 沦为机会主义者的普列汉诺夫

普列汉诺夫作为"俄国马克思主义之父"，曾被列宁称为"教育了整整一代马克思主义者"的重要理论家，恩格斯也曾赞誉他与梅林是理解和掌握了马克思主义的两个人物。然而，就是这样一位具有崇高威望、功勋卓绝的理论权威、革命家,却在20世纪初期的短短几年内蜕变为"机会主义者"。普列汉诺夫沦为"机会主义者"并不是毫无原因的。虽然普列汉诺夫是理论权威,但是他又教条地坚守他认定的"真理",忘却了马克思主义的"革命的辩证法",不懂得用马克思主义的理论、立场和方法来系统把握资本主义发展的新趋势、新特征、新情况,尤其是没有认识到俄国社会主义革命趋势的新变化,使得他最终在如何推动实现无产阶级革命走向胜利的道路、路径问题上栽了跟头,步入了歧途。

普列汉诺夫蜕变为"机会主义者"的短暂历程,事实上是与他和列宁的几次分歧相同步的,其中分歧的关键是如何看待无产阶级革命与国家的关系。①

1903年,俄国社会民主工党内部产生了以列宁为首的布尔什维克和以马尔托夫为首的孟什维克两大派别之间的斗争。或许是因为普列汉诺夫作为俄国社会民主工党总委员会主席有维护党的团结的重要责任,所以他在1903—1914年间对两派的态度始终摇摆不定,在一些问题上与列宁存在原则分歧,而在部分问题上又坚决支持列宁。但是随着两大派别斗争的深入,当普列汉诺夫在一战前夕竭力推动布尔什维克、孟什维克和取消派等一切派别团结统一时,他与列宁的冲突进一步加剧。1914年6月,列宁毫不留情地指出,"普列汉诺夫糊涂到不可救药的

---

① 下文对于普列汉诺夫与列宁的理论分歧,参见邓超:《对普列汉诺夫评价的几点思考》,《当代世界与社会主义》2017年第2期。

第五章 对各种错误思潮的批判

地步了","可怜的普列汉诺夫不知不觉地滚进了反马克思主义的知识分子小集团,滚进了资产阶级民主派的废墟"①。

1914年,列宁提出著名的"帝国主义论",强调帝国主义是腐朽的、没落的、垂死的资本主义,是无产阶级革命的前夜。普列汉诺夫对此持反对意见。在普列汉诺夫看来,列宁的判断是错误的,资本主义在欧洲特别是在俄国仍然有着巨大的发展空间。同时,他同意考茨基关于帝国主义战争是工业资本主义国家在高度发展时期对农业区域进行征服的扩张政策,并教条地根据马克思曾将战争区划分为民族防御战和民族征服战的观点,坚决拥护"保卫祖国"的观点,号召各国无产阶级及其政党应当与本国的统治阶级共同反对侵略者。对于普列汉诺夫的观点,列宁认为他犯了社会沙文主义错误,忘却了马克思主义的国际主义原则。普列汉诺夫坚决不接受列宁给予的"帽子"。由此,他们两人围绕革命问题展开激烈论战,彻底成为公开的政敌。

1917年二月革命后,列宁深度剖析俄国革命形势的变化,提出著名的"四月提纲",主张在俄国变帝国主义战争为国内战争,并实行社会主义革命。对此,普列汉诺夫予以尖锐批判。在他看来,"在一国的生产方式还促进该国生产力的发展而不是阻碍它的发展以前,它决不会退出该国的历史舞台"②,俄国当时的经济和文化还相当落后,资本主义发展严重不足,远远没

---

① 《列宁全集》第25卷,人民出版社2017年版,第177、179页。
② 《普列汉诺夫文选》,人民出版社2010年版,第418页。

有达到进行社会主义革命的条件,强行推进只会给俄国带来灾祸,"他们所能组织的只是饥饿","必然后果就是残酷的经济危机","工人就会陷入比实现他们的企图之前更加不利得多的处境"①。那么,普列汉诺夫关于1917年的俄国不适合进行社会主义革命的观点是否正确呢?假如只是教条地看待马克思主义创始人的经典文本,马克思恩格斯确实强调社会生产力发展与人的发展对于社会主义革命的重要性,然而马克思主义创始人也强调无产阶级要坚持革命的辩证法,需要将基本原理的运用与具体革命形势相结合,不能一味固守"教条"。尤其是二月革命后的资产阶级临时政府并没有承担起变革社会生产关系的任务,没有解决群众急需的"面包"问题,昭示了俄国资产阶级不足以承担起领导革命的任务,这就要求无产阶级应当顺应时势推进社会主义革命,进而利用无产阶级政治统治的政权优势,变革社会生产关系,推动社会生产力的发展和人的发展。简言之,普列汉诺夫在这里实质陷入了教条主义,犯了列宁曾在多个场合作出深刻批判的倡导阶级调和、放弃无产阶级革命专政的错误观点,混淆了无产阶级在革命中的任务。

3. 列宁对普列汉诺夫机会主义错误的批判

总体说来,在列宁成长为马克思主义者、革命领袖的漫长岁月里,普列汉诺夫曾充当了伯乐和领路人的角色,直到二人在1903年后分歧逐渐增多,最终成为政敌。在《国家与革命》

---

① 《普列汉诺夫文选》,人民出版社2010年版,第429页。

第五章 对各种错误思潮的批判

中,列宁立足革命对国家的态度问题,以《无政府主义和社会主义》这本小册子为切入点,简明扼要地批判了普列汉诺夫在论述无政府主义对社会主义的态度上完全回避"革命对国家的态度和整个国家问题"的机会主义错误。列宁对普列汉诺夫在国家问题上的机会主义错误的批判,实质也揭示了无产阶级需要推进社会主义革命以及建立无产阶级革命专政的重要任务。对此,至少需要从两方面进行把握。

第一,列宁并不是全盘否定普列汉诺夫批判无政府主义的价值,只是强调其论述完全回避国家问题的缺点错误。在《国家与革命》第六章第一节,列宁在指出普列汉诺夫在论述无政府主义对社会主义的态度时"完全回避反对无政府主义的斗争中最现实、最迫切、政治上最重要的问题,即革命对国家的态度和整个国家问题"之后,立刻指出《无政府主义和社会主义》这本小册子有两部分特别突出,其中第一部分是"有关于施蒂纳和蒲鲁东等人思想演变的宝贵材料"的"历史文献"价值①,其次才是"庸俗的"部分。事实上,列宁对普列汉诺夫批判无政府主义的"历史文献"价值是予以充分肯定的。在《无政府主义和社会主义》这本小册子中,普列汉诺夫充分引证蒲鲁东、施蒂纳、巴枯宁、克鲁泡特金等人的著作及其观点,借助马克思主义唯物史观正确地批判了他们的错误,这些批判构成了这本小册子的"精华"部分,该书发表后的十余年间沉重打击了西

---

① 《列宁全集》第 31 卷,人民出版社 2017 年版,第 99 页。

欧和北美泛滥一时的无政府主义浪潮，无政府主义逆流在 20 世纪 20 年代的俄国重新泛起时，列宁也将其视为当时急需的批判无政府主义的重要思想武器，并急令苏俄政府当时主管出版事务的官员重印《无政府主义和社会主义》。对此，我们必须坚持辩证地看待，正确认识普列汉诺夫批判无政府主义的理论价值和实践意义。

第二，普列汉诺夫在批判无政府主义者没有把握到最重要的问题，即完全回避了革命对国家的态度和整个国家问题，没有坚持发展的观点，反而是静态地看待马克思主义国家学说。列宁对此予以坚决批判。在《国家与革命》中，列宁这样叙述：普列汉诺夫"在谈'无政府主义和社会主义'时回避整个国家问题，不理会马克思主义在公社以前和以后的全部发展，那就必然会滚到机会主义那边去。因为机会主义求之不得的，正是完全不提我们刚才所指出的那两个问题。光是这一点，已经是机会主义的胜利了"[①]。在列宁看来，马克思恩格斯在同无政府主义论战时，已经极其详尽地说明了他们对国家的态度上的观点，早在《共产党宣言》便提出"实现无产阶级的政治统治"，在《1848 年至 1850 年的法兰西阶级斗争》进一步提出"无产阶级专政"；巴黎公社运动失败后，马克思对巴黎公社的经验教训进行系统总结，进一步发展了无产阶级专政学说，强调无产阶级不可能简单地掌握现成的国家机器，要求无产阶级用暴力

---

① 《列宁全集》第 31 卷，人民出版社 2017 年版，第 100 页。

打碎旧的资产阶级国家机器,以新的真正民主的国家政权来替代,强调只有建立真正属于无产阶级的完全的民主制度,才能最大限度地实现劳动群众的社会解放。然而,普列汉诺夫在同无政府主义论战的时候,虽然批判了无政府主义的哲学基础、政治哲学以及实践策略等内容,却没有涉足科学的社会主义对国家的态度问题,更没有回答是否需要打碎旧的国家机器、用什么东西去代替旧的国家机器等具体的政治问题,有一种舍本逐末的感觉,使得一般群众只知道革命的马克思主义在原则上敌视国家,没有完整地把握到马克思主义国家学说的精髓所在,更是没有回答无产阶级在革命中将要如何做的紧迫任务。

三、对考茨基机会主义的批判

批判考茨基在国家问题上的机会主义倾向,是《国家与革命》的核心任务之一。列宁不仅将对考茨基机会主义的批判贯穿于阐明马克思主义国家学说的全过程,而且在《国家与革命》第六章第二、三节系统批判了考茨基"盲目崇拜"国家、"迷信"官僚制度、取消打碎旧的国家机器、把无产阶级政治斗争局限于"取得议会多数"等错误,与机会主义者彻底划清了界限。

1.考茨基机会主义的内在本质

在探讨《国家与革命》对考茨基机会主义错误进行批判之

前,我们先来看列宁在第一次世界大战爆发之际对机会主义的两次论述:

1914年10月27日,列宁致亚·加·施略普尼柯夫的信这样写道:"对无产阶级的思想独立来说,目前世界上没有什么东西能比考茨基的这种恶劣的自鸣得意和卑鄙的伪善态度更有害和更危险的了,他总想什么都捂着盖着,总想用诡辩和似乎博学的废话来麻醉工人们已经觉醒了的良知。"① "在俄国,目前任务的全部中心是对国际的机会主义者和考茨基组织思想上的回击。全部中心就在这里。"②

1915年2月,列宁在为俄国社会民主工党国外支部代表会议写的材料中有这样的表述:"机会主义是作为以往工人运动'和平'发展时代的产物生长起来的。这个时代教会了工人阶级利用这样一些重要的斗争手段,如利用议会制度和一切合法的机会,建立群众性的经济组织和政治组织,创办有广泛影响的工人报刊,等等。另一方面,这个时代也产生了一种倾向,即否定阶级斗争和宣扬社会和平,否定社会主义革命,从根本上否定秘密组织,承认资产阶级爱国主义,等等。""工人阶级的某些阶层(工人运动中的官僚和工人贵族。他们从依靠剥削殖民地和自己'祖国'在世界市场上的特权地位得来的收入中分得一点油水)以及社会主义政党内部的小资产阶级同路人,就是这种倾向的主要社会支柱和资产阶级对无产阶级影响的传

---

① 《列宁全集》第47卷,人民出版社2017年版,第23—24页。
② 《列宁全集》第47卷,人民出版社2017年版,第25页。

第五章　对各种错误思潮的批判

播者。"①

类似的表述在列宁的著作中随处可见。从以上这两处论述中，至少把握到两点信息：①机会主义不是凭空产生的，而是有着深厚的社会根源，是多重因素共同作用的产物；②以考茨基为主要代表的第二国际机会主义者彻底放弃了革命的辩证法，对马克思主义阳奉阴违，对国际无产阶级运动有着巨大危害，批判考茨基机会主义是无产阶级革命的重要任务之一。

第一，机会主义产生于资本主义发展相对稳定、阶级对抗相对缓和时期，本质上反映的是资产阶级、小资产阶级的利益诉求。列宁在与格·季诺维也夫合写的《社会主义与战争》一书中这样写道："机会主义代表着工人运动中的资产阶级政策，代表着小资产阶级的利益，代表着一小部分资产阶级化了的工人同'自己的'资产阶级结成的联盟的利益，而反对无产者群众、被压迫群众的利益。""考茨基主义不是偶然现象……是既要在口头上忠实于马克思主义又要在实际上屈服于机会主义的社会产物。"②回顾马克思主义在19世纪的发展可以看到，马克思主义诞生时的19世纪四五十年代主要呈现两大特征：一是社会生产力有所发展而又发展不平衡不充分，以无产阶级为主体的劳动阶级没能享受到生产力发展的成果；二是社会日益分裂为两大对立阶级，无产阶级为了寻求自身利益而逐渐登上历史舞台，激烈的阶级对抗成为常态。可以说，马克思主义诞生

---

① 《列宁全集》第26卷，人民出版社2017年版，第166—167页。
② 《列宁全集》第26卷，人民出版社2017年版，第333、336页。

时的西欧处于"动荡"时代,为解放无产阶级找方向是它的理论主题。然而,随着第二次工业革命的到来,社会生产力得到前所未有的快速发展,尤其是西欧各国资产阶级政府深受工人运动的巨大压力,不得不调整阶级统治方式。一方面,提高工人阶级的工资水平,尤其是充分利用国家机器推动建立社会保障制度,工人阶级的生活状况得到相对改善;另一方面,积极推进议会制度改革,赋予工人阶级一定代表权、选举权,使得工人阶级通过和平方式实现利益诉求成为可能,先前"你死我活"的阶级对抗有所缓和。同时,资产阶级不再只是单纯地镇压工人运动,而是对无产阶级尤其是工人运动的领导层施行"大棒加胡萝卜"等收买策略,恩威并施,无产阶级队伍中的一些投机分子乃至领导人士沦为"叛徒",他们在名义上拥护马克思主义,口头上宣称要实现最广大劳动群众的切身利益,实际上却蜕变为"工人贵族",成为他们曾经坚决反对的人,成为资产阶级、小资产阶级在工人阶级内部的利益代表。加之资本主义逐步发展到帝国主义阶段,第二国际理论家们在面对资本主义进入帝国主义时期所表现出来的一系列新问题、新特征以及新趋向时,存在诸多认识分歧,随之而来的是革命道路选择的差异,这使得第二国际走向分裂成为必然,革命的马克思主义与机会主义的斗争也成为现实。

第二,机会主义者用折中主义和诡辩术偷换革命的辩证法,用伪善的态度误导无产阶级,是无产阶级革命的险恶敌人。在《国家与革命》中,"辩证法"是列宁在阐述马克思主义国家学

第五章 对各种错误思潮的批判

说时经常挂在嘴边、高度重视的一个辞藻。在他看来，马克思恩格斯在分析社会发展问题时非常善于应用辩证法，他还对马克思恩格斯运用"革命的辩证法""活生生的历史辩证法"的情形进行了分析。比如，列宁这样写道："彻底发展民主，找出彻底发展的种种形式，用实践来检验这些形式等等，这一切都是为社会革命进行斗争的基本任务之一。任何单独存在的民主制度都不会产生社会主义，但在实际生活中民主制度永远不会是'单独存在'，而总是'共同存在'的，它也会影响经济，推动经济的改造，受经济发展的影响等等。这就是活生生的历史辩证法。"①然而，与马克思恩格斯形成鲜明对照的却是，普列汉诺夫、考茨基等机会主义者在实践中对待马克思主义的态度上最常见最普遍的现象是"用折中主义代替辩证法"②，"把革命的辩证法看做是一种时髦的空谈或动听的辞藻"③。对于考茨基等机会主义者的错误方法，列宁在1918年撰写的《无产阶级革命和叛徒考茨基》一书中将其上升到哲学高度，指出"用折中主义和诡辩术来偷换辩证法"是考茨基机会主义错误现象的哲学根源④。那么，这种错误方法对无产阶级革命带来哪些理论和实践的危害呢？相较于伯恩斯坦等人直接公开宣布放弃革命、追求改良的做法不同，考茨基等第二国际机会主义领袖们则是对自己的态度藏着、掖着，"往往以正统马克思主义及其话语为

---

① 《列宁全集》第31卷，人民出版社2017年版，第75页。
② 《列宁全集》第31卷，人民出版社2017年版，第19页。
③ 《列宁全集》第31卷，人民出版社2017年版，第43页。
④ 《列宁全集》第35卷，人民出版社2017年版，第234页。

外衣,在第一次世界大战期间社会矛盾极端激化、无产阶级和劳苦大众厌恶战争、渴求面包与和平的情况下,居然主张与资产阶级妥协、支持资产阶级政府继续战争,不顾处于社会底层的劳苦大众的基本生存需求,鼓吹通过裁减军备、建立国际仲裁法庭、实行贸易自由等途径,就可以实现持久和平的新纪元,这种机会主义思想严重麻痹了无产阶级及其政党的革命斗志,在很大程度上误导了工人群众以及无产阶级革命的方向"[1]。隐蔽的机会主义者虽然打着捍卫马克思主义、践行马克思主义的旗号,实际上却干着反马克思主义的事情,其对国际无产阶级运动的危害较之于公开的"背叛"更为巨大。因此,坚持和发展马克思主义不仅要对明面的敌人伯恩斯坦进行无情批判,还要深刻揭露出躲在背地里的考茨基机会主义的错误思想及其严重危害。

2.《国家与革命》批判考茨基机会主义的基本线索

在《国家与革命》中,列宁对考茨基机会主义的批判,是在阐明马克思主义国家学说核心观点的基础上,以考茨基看似批判机会主义,实则充斥机会主义的三本著作、他与潘涅库克的论战为切入点,逐步揭示出考茨基"恰恰在国家问题上一贯倾向于机会主义"的根本错误。

虽然列宁对考茨基机会主义错误的批判在《国家与革命》

---

[1] 朱亚坤:《列宁的帝国主义理论及对考茨基的批判——简论当今金融垄断资本主义时代》,《马克思主义研究》2018年第3期。

第五章 对各种错误思潮的批判

中随处可见,但是批判的要点主要集中在《国家与革命》第六章。在《国家与革命》第六章第二节起始处,列宁指出考茨基在俄国非常出名的原因,不仅仅在于他对马克思主义作出通俗的解释,还在于他为捍卫马克思主义而同机会主义者及其领袖伯恩斯坦进行论战。那么,考茨基是否真正遵循马克思主义批判了机会主义呢?列宁对此持否定、批判态度。一方面,列宁指出"考茨基在起来反对法国最著名的机会主义代表(米勒兰和饶勒斯)和德国最著名的机会主义代表(伯恩斯坦)之前,表现过很大的动摇"①;另一方面,列宁立足考茨基背叛马克思主义的经过,认为考茨基成为"叛徒"不是始于第一次世界大战爆发,指出考茨基在俄国最广为人知的事由——同机会主义者及其领袖的论战——本身就充斥着机会主义的根本错误,"从他同机会主义者的论战本身来看,从他提问题和解释问题的方法来看……他恰恰是在国家问题上一贯倾向于机会主义"②。作出这一断论后,列宁回到考茨基与机会主义论战的历史进程中,立足国家与革命的关系范畴,依次对考茨基看似"反对机会主义"的三本著作——《伯恩斯坦和社会民主党的纲领》(1899年)、《社会革命》(1902年)、《取得政权的道路》(1909年)——进行剖析,深入批判考茨基在国家问题上对马克思主义的歪曲,重申了被考茨基等机会主义者选择性忘记的马克思主义国家学说的核心观点。同时,列宁认为考茨基在国家问题上的错误不

---

① 《列宁全集》第 31 卷,人民出版社 2017 年版,第 101 页。
② 《列宁全集》第 31 卷,人民出版社 2017 年版,第 101 页。

仅仅体现在他与机会主义者及其领袖伯恩斯坦的论战中，还体现在同潘涅库克等"左翼激进"派的论战中。在对考茨基与机会主义者论战过程中的机会主义错误进行分析后，列宁从潘涅库克的《群众运动与革命》批判考茨基是"消极的激进主义"立场、是"毫无作为的等待论"等观点引发的论战出发，进一步揭示了考茨基机会主义的根本错误。

认识列宁的《国家与革命》以及"蓝皮笔记"批判考茨基机会主义错误的基本线索，还需要把握以下两点。

第一，《国家与革命》对考茨基机会主义错误的批判并不是孤立而行的，实际上是以他在《帝国主义是资本主义的最高阶段》等著作中倡导的著名的"帝国主义论"对考茨基的所谓"超帝国主义论"的批判为基础的。比如，列宁在《帝国主义是资本主义的最高阶段》法文版和德文版序言均这样指出："本书特别注意批判'考茨基主义'这一国际思潮，在世界各国代表这一思潮的第二国际的'最有名的理论家'和领袖……以及一大批社会党人、改良主义者、和平主义者、资产阶级民主派和神父"[①]。可以说，"超帝国主义论"的认识是考茨基最终沦为机会主义者的重要原因之一。

第二，《国家与革命》对考茨基在国家问题上的机会主义错误的批判并没有彻底完结。虽然列宁在《国家与革命》中系统批判了考茨基在国家问题上的机会主义错误，尤其是俄国十月

[①]《列宁全集》第27卷，人民出版社2017年版，第328页。

第五章 对各种错误思潮的批判

革命建立了世界上第一个无产阶级政权,证明了列宁在无产阶级革命对国家的态度问题上的准确性,但是考茨基并没有放弃自己的观点,使得二人围绕国家问题的论战得以延续。十月革命胜利后,考茨基先后围绕国家问题撰写《无产阶级专政》《恐怖主义和共产主义》等著作,进一步歪曲马克思主义国家学说,试图从理论上否定俄国十月革命的重大成果。为此,列宁进一步批判了考茨基的机会主义错误。比如,考茨基在1918年撰写《无产阶级革命》,把十月革命描写成为群众的武装暴力、"轻视个性"和议会制度,认为二月资产阶级革命才是理想的形式,认为民主和专政是矛盾的,似乎这是实现社会主义的相对独立的两种手段,并提出"纯粹民主"概念。列宁为此专门撰写《无产阶级革命和叛徒考茨基》,对考茨基在《无产阶级专政》这本小册子中的错误作出有力批判,进一步坚持和捍卫了马克思主义国家学说。

3.《国家与革命》对考茨基机会主义的批判

列宁在《国家与革命》第六章结尾谈及"第二国际的绝大多数正式代表已经完全滚到机会主义那边去了"的结论时,有这样一段经典表述:"公社的经验不仅被忘记了,而且被歪曲了。他们不仅没有教导工人群众说,工人们应当起来的时候快到了,应当打碎旧的国家机器、代之以新的国家机器从而把自己的政治统治变为对社会进行社会主义改造的基础的时候快到了,——他们不仅没有这样做,反而教导工人群众相反的东西,而他们对'夺取政权'的理解,则给机会主义留下无数的后路。"①在这里,列宁揭示了第二国际的机会主义者们严重歪曲、篡改以及庸俗化马克思主义国家学说的主要表现。毫无疑问,考茨基也属于"第二国际的绝大多数正式代表"这一范畴。在《国家与革命》中,列宁主要是围绕被考茨基选择性回避的革命无产阶级的迫切问题,即"无产阶级革命对国家、对民主的态度与以往非无产阶级革命不同的'深入的地方'究竟在哪里"②的问题,从三个方面批判了考茨基在国家问题上的机会主义错误。

第一,"盲目崇拜"国家、"迷信"官僚制度。考茨基机会主义对马克思国家学说的歪曲,是从"忘记"马克思恩格斯对国家概念的定义开始的。正如考茨基在与潘涅库克论战时认为社会民主党人的任务是夺取国家政权,"无产阶级需要国家"被一切机会主义者、社会沙文主义者和考茨基主义者不停地重复,他们硬说马克思的学说便是如此,但是他们却选择性地忘记马克思恩格斯对国家概念的定义。在列宁看来,马克思恩格斯在《共产党宣言》对国家下了一个非常引人注意的定义,即"国家即组织成为统治阶级的无产阶级"③,然而这一定义却被考茨基等社会民主党人给忘记了,无论是在社会民主党占支配地位的宣传鼓动书籍、报刊中,还是在考茨基等所谓理论家的论著中,国家的这个定义不仅从来没有被解释过,而且还恰巧被遗忘了。

---

① 《列宁全集》第31卷,人民出版社2017年版,第115页。
② 《列宁全集》第31卷,人民出版社2017年版,第104页。
③ 《马克思恩格斯文集》第2卷,人民出版社2009年版,第52页。

第五章 对各种错误思潮的批判

这是为什么呢？根本在于国家的这一定义是同改良主义根本不相容的，它直接打击了"民主的和平发展"这种常见的机会主义偏见和市侩的想法。列宁认为，考茨基等机会主义者在无产阶级需要国家的问题上遗忘了两点："第一，无产阶级所需要的只是逐渐消亡的国家，即组织得能立刻开始消亡而且不能不消亡的国家；第二，劳动者所需要的'国家'，'即组织成为统治阶级的无产阶级'。"①考茨基等人认为无产阶级需要国家，但是他们根本不懂无产阶级在何种意义上需要国家，不知道无产阶级需要什么样的国家，尤其是没有认识到无产阶级国家与资产阶级国家不同的"深入的地方"在哪里。或许正是因为考茨基遗忘了国家的这一定义，使得他没有搞懂马克思在总结巴黎公社经验时强调"公社是一个实干的而不是议会式的机构，它既是行政机关，同时也是立法机关"②的论述，反而去"迷信"官僚制度，迷信议会制度。

第二，歪曲马克思的社会革命概念，"只字不提"打碎旧国家机器，将无产阶级的政治斗争局限于资产阶级关系领域，单纯地追求"取得议会多数"。面对如何建立社会主义国家的现实问题，伯恩斯坦在1899年发表《社会主义的前提和社会民主党的任务》，认为马克思恩格斯的革命观念已经过时，倡导用改良的手段来实现社会主义。比如，马克思在总结巴黎公社经验教训时强调"工人阶级不能简单地掌握现成的国家机器，并运用

---

① 《列宁全集》第31卷，人民出版社2017年版，第22—23页。
② 《马克思恩格斯文集》第3卷，人民出版社2009年版，第154页。

它来达到自己的目的"①，但是伯恩斯坦却认为"似乎马克思说这句话是告诫工人阶级不要在夺取政权时采取过激的革命手段"②。列宁认为，修正主义者对马克思思想的歪曲没有比这一点更严重、更不像样的了。然而，面对伯恩斯坦的这一根本错误，考茨基是如何批判的呢？实际上，他只是简单地引证恩格斯的只言片语，仅仅说一句"工人阶级不能简单地掌握现成的国家机器，但一般说来它是能够掌握这个机器的"③，而对于工人阶级为什么能够掌握国家机器、无产阶级如何掌握国家机器等迫切问题，他却选择性地遗忘，尤其是对于马克思主义同机会主义在无产阶级革命的任务问题上的最本质区别——无产阶级革命负有彻底"打碎"国家机器的历史任务，考茨基不仅只字不提，反而说"关于无产阶级专政问题，我们可以十分放心地留待将来去解决"④。在他后来专门探讨革命问题的《社会革命》《取得政权的道路》这两本著作中，考茨基继续忽略了国家与革命的关系问题，闭口不谈无产阶级革命要"打碎"资产阶级的军事官僚国家机器的任务，反而"把承认阶级斗争的领域局限于资产阶级关系的领域"⑤，认为不破坏国家机器也能够夺取政权，"我们政治斗争的目的，和从前一样，仍然是以取得议

---

① 《马克思恩格斯文集》第 2 卷，人民出版社 2009 年版，第 6 页。
② 《列宁全集》第 31 卷，人民出版社 2017 年版，第 102 页。
③ 《列宁全集》第 31 卷，人民出版社 2017 年版，第 103 页。
④ 《列宁全集》第 31 卷，人民出版社 2017 年版，第 102 页。
⑤ 《列宁全集》第 31 卷，人民出版社 2017 年版，第 32 页。

第五章 对各种错误思潮的批判

会多数的办法来夺取国家政权,并且使议会变成政府的主宰"①。在列宁看来,考茨基只字不提"打碎"旧国家机器,将无产阶级政治斗争单纯地理解为夺取国家政权,混淆了无产阶级革命的根本任务,尤其是夺取国家政权既可以采用暴力革命,也可以通过和平的议会斗争,实际上是对改良主义者和机会主义者让步,彻底把无产阶级革命的任务变成了改良主义和机会主义都可以接受的东西,彻底沦为了无产阶级的敌人,成为"叛徒考茨基"。简言之,考茨基虽然打着马克思主义的旗号,口头上承认革命,实际上却背弃革命,走向了革命的反面,直到最后彻底放弃了无产阶级专政。

第三,把马克思的民主概念庸俗化,曲解无产阶级专政理论。考茨基不仅歪曲马克思的革命概念,还将马克思的民主概念庸俗化,进而彻底否定无产阶级专政理论。首先,对于巴黎公社运动中取消支付官员的一切公务津贴和一切金钱上的特权等举措,考茨基将其视为"幼稚的原始的民主制度",列宁予以严厉批判。在列宁看来,考茨基等人完全不懂得:如果不在某种程度上"返回"到所谓"原始的"民主制度,实现资本主义向社会主义的过渡是完全不可能的,尤其是以资本主义和资本主义文化为基础的"原始民主制度"同原始时代或资本主义以前的原始民主制度是完全不一样的。其次,列宁批判了考茨基将无产阶级"专政"与"民主"相对立的错误认识。正如伯恩

---

① 《列宁全集》第 31 卷,人民出版社 2017 年版,第 113 页。

斯坦等第二国际的修正主义者和机会主义者往往用民主来攻击马克思恩格斯的国家学说一般，虽然考茨基对此进行批判，实际上他也走上了伯恩斯坦等人的邪路。考茨基认为民主和革命都是夺取政权的手段，而他把革命给了马克思主义革命派，却把民主给了社会改良派，于是给人们留下一种马克思主义只讲革命不讲民主、无产阶级国家没有民主的印象。在列宁看来，考茨基一是完全没有认识到社会主义民主与无产阶级专政的辩证统一关系，完全不懂得无产阶级民主本质上是贫苦群众的民主，是对资产阶级等剥削者、压迫者的专政，所追求的是以无产阶级为主体的最广大人民群众的民主，甚至比资产阶级民主更加民主；二是没有明确区分资本主义民主和无产阶级专政的民主，将"民主"看成一种超阶级的抽象的、空洞的概念。1918年，针对考茨基在《无产阶级专政》对俄国十月革命的抨击，列宁专门撰写了《无产阶级革命和叛徒考茨基》，进一步深入批判了考茨基歪曲无产阶级专政理论的机会主义错误，彻底批判他的所谓"纯粹民主"概念，揭示了无产阶级民主与资产阶级民主的本质区别，指出资产阶级的所谓民主对富人来说是天堂，对被剥削者、对穷人来说却是陷阱和骗局。

第六章 在中国的传播与影响

《国家与革命》在中国的传播和影响，与中国人对不同时期中国革命和建设面临的迫切问题的思考紧密相连。在新民主主义革命、社会主义革命和建设、改革开放等不同历史时期，中国人对《国家与革命》的关注程度，以及研究范式都发生着明显的变化。全面梳理和系统总结不同历史时期《国家与革命》在中国的传播和影响，具有重要的理论价值和现实意义。

一、在中国的主要版本与传播情况

列宁著作在中国的最早传播，并非《国家与革命》一书，而是其1917年所写的《俄国的政党和无产阶级的任务》。该文的中文译文于1919年9月在《解放与改造》杂志的第一卷第一期刊载，译者为金侣琴。文章题目被译为《鲍尔雪维克之所要求与排斥》，这是我国首次在报刊上发表列宁的文章。

《国家与革命》一书在中国的传播，始于1921年5月7日。此时发表的只是《国家与革命》第一章第一节与第二节的译文，译者为沈雁冰，即大家所熟知的作家茅盾。沈雁冰在翻译《国

家与革命》时选择的是英译本,"我翻译了列宁的《国家与革命》第一章,这是从英译的《国家与革命》转译的"①。沈雁冰作为当代文学家,只翻译了《国家与革命》的第一章,其原因首先在于其谦虚谨慎的治学态度:"我只译了一章,便感到,对于马克思主义的经典著作没有读过多少的我,当时要翻译并译好《国家与革命》是很困难的。于是就知难而退,没有继续翻译下去。"② 在沈雁冰版本的翻译中,第一章的标题为"阶级的社会与国家",第一小节的标题为"国家者阶级冲突不可调和的结果",第二小节的标题为"军人囚犯等等的特别团体"。对比《列宁全集》第二版第 31 卷的标题就能发现出入,第一小节的标题为"国家是阶级矛盾不可调和的产物",第二小节的标题为"特殊的武装队伍,监狱等等"。这些差异,初看起来非常微小,但却容易造成失之毫厘、差以千里的错误。译文中,类似的误差并不少见。如沈雁冰将"阶级矛盾"翻译为"阶级冲突",将"资产阶级"翻译为"中产阶级",将"小资产阶级"翻译为"下等中产阶级"。这些不太准确的翻译词汇,在一定程度上影响了人们对于列宁思想的接受。

当然,作为中国对于《国家与革命》最早译文,我们也不能求全苛责。当时的文献获取方式,十分缺乏。"戴季陶也曾抱怨说,要在中国读到苏俄的书籍简直是难上加难。"③《共产党》

---

① 茅盾:《我走过的道路》(上),人民文学出版社 1997 年版,第 197 页。
② 茅盾:《我走过的道路》(上),人民文学出版社 1997 年版,第 197 页。
③ 何建华、高华梓:《沈雁冰和〈国家与革命〉的首次汉译——基于早期马列主义传播特点的分析》,《马克思主义研究》2015 年第 9 期。

第六章 在中国的传播与影响

月刊对于文献资料的获取,大多都来自维金斯基。他带来了大量有关共产主义和俄国革命的文献资料,为沈雁冰的翻译提供了文献基础。当时的英文文献本,就是根据俄文原文再理解的结果。而沈雁冰的翻译,是对英文译本的再度理解,存在差异也无可厚非。考虑到当时获取文献的途径非常困难,完成《国家与革命》第一章的翻译已经是一种创举,沈雁冰的译本为《国家与革命》在中国的传播起到了巨大的推动作用。

沈雁冰之后,柯柏年(李春蕃)于1923年10月25日在《民国日报》的副刊《觉悟》上发表了《国家与革命》的译文。该译文摘自《国家与革命》第五章的二、三、四节,柯柏年取译名为《共产主义与社会底进化》。柯柏年的译本,在当时具有非常重要的价值。在1921年至1923年间,国人掀起了对于国家发展道路的论战,这次论战也被称"五四时期的三次论战",其论战主要讨论的问题分别为"如何改造中国"、"走什么样的道路"以及"建设什么样的国家"。在争论中,马克思主义得到了很好的传播。但是,这些争论的问题无法得到根本解决,其原因在于此时的知识分子阶层仍然存在着观念固化、学理欠缺等问题。① 柯柏年译本的《国家与革命》的问世,为这三个问题提供了理论依据。《国家与革命》厘清了无产阶级在国家问题上的基本态度,理论价值与实践价值并具,其中先进的方法论原

---

① 参见高华梓:《〈国家与革命〉柯柏年译本与五四时期社会主义之争的终结》,《社会主义研究》2016年第4期。

《国家与革命》精学导读

则打破了国人的固有观念，为新的思想开辟了道路。

中国首个《国家与革命》的全译本，也是出自柯柏年之手。1927年1月5日起，汕头《岭东明国日报》的副刊《革命》连续刊载了柯柏年翻译的《国家与革命》全译文。同年，上海浦江书店出版了江一之翻译的《国家与革命》，这是中国出版的首个《国家与革命》的中文全译的单行本。柯柏年翻译的《国家与革命》全译本的单行本，则是在1929年7月由上海华兴书局出版，并且于1930年1月由原版出版社重印。

1932年，《国家与革命》中译版被收录进由莫斯科苏联外国工人出版社出版的全中文《列宁选集》十二卷中。同年5月，中共苏区中央宣传部出版《国家与革命》中译版。1938年3月，莫师古的《国家与革命》中译版本出版。莫师古翻译的版本标注为中国出版社出版，其中内容包括：《国家与革命》《无产阶级革命与叛徒考茨基》《论"民主"和专政》《共产国际第一次世界大会上关于资产阶级民主和无产阶级专政的提纲与报告》《论专政问题的历史》。[1]

同年，党中央创办了中央出版社发行部。该出版发行部主要是对全党的出版发行进行统一组织与领导，也被称为"解放社"。"解放社"的创立，对《国家与革命》的进一步传播有着不小的推动作用。1939年，"解放社"出版了《马克斯（思）恩格斯与马克思主义》，书中收录了《国家与革命》第五章第二

---

[1] 参见胡兵：《列宁〈国家与革命〉研究读本》，中央编译出版社2016年版，第37页。

第六章　在中国的传播与影响

小节的译文。1943年8月,"解放社"又出版了博古翻译的《国家与革命》。该版本于1946年和1949年在太岳新华书店进行了出版与再版,诸如东北书店、华东新华书店等其他书店都对该版本进行了重印。

1947年和1948年,莫斯科外国文书籍出版社分别出版了《国家与革命》的中译本与两卷本的《列宁文选》。其中,1947年出版的《国家与革命》是由苍木(陈昌浩)校译的,该版本分别在1948年与1949年由各地书店进行了重印。而《列宁文选》的两卷本是由唯真和苍木共同校译的,《国家与革命》被包含在了第二卷的第173至284页中。新中国成立之初,党中央决定重新编审一套"干部必读"书目,其中就包含《国家与革命》。在该丛书中所用的《国家与革命》版本是由苍木校译的版本,并且在1949年8月进行了出版。1953年,人民出版社对该版本的《列宁文选》进行了重新编排,将《国家与革命》全文收录入了第二卷的第162至269页。

1952年与1953年,外文出版社与民族出版社成立,《国家与革命》也有了其他语言版本的翻译。外文出版社分别出版了英语、法语等五种版本的《国家与革命》,而民族出版社在1953年分别出版了蒙语、藏语等五种版本的《国家与革命》。多种语言版本的翻译出版,推动了该著作在国际与国内的进一步传播。

1953年6月,人民出版社出版了苍木校译的《国家与革命》单行本。1956年8月,上海人民出版社也出版了《国家与革命》的单行本。1959年8月,甘肃人民出版社出版了《国家与革命》

《国家与革命》精学导读

的摘录本,在当时被当作高等学校社会主义课程的教材来使用。1959 年,人民出版社根据《列宁文集》中文版第一版进行的排印,出版了第 6 版《国家与革命》单行本。1960 年,人民出版社出版了第一版四卷本的《列宁选集》,《国家与革命》被收入了 4 月出版的第 3 卷第 436 至 544 页中。1962 年 10 月与 1963 年 5 月,分别又由人民出版社进行了《国家与革命》第 6 版的第 11 次与 12 次印刷。1964 年 9 月,人民出版社再次出版了由中央编译局再次对译文进行修订的《国家与革命》第 7 版。1970 年,毛泽东号召大家"认真看书,弄通马列主义"。在重点学习的六种马列著作中,《国家与革命》榜上有名。于是,人民出版社再次出版了曾在 1964 年出版的有利于老干部阅读的 16 开大字本的《国家与革命》。

1972 年 10 月,中央编译局重新校对编辑了《列宁选集》第一版的四卷本,并由人民出版社出版了第 2 版的《列宁选集》。第二版的《列宁选集》同样也是四卷本,《国家与革命》被收录入第三卷的第 171 至 276 页。1982 年,中央编译局开始编译中文第 2 版的《列宁全集》,人民出版社负责出版。从 1984 年开始出版一直到 1990 年全部出齐,共计 60 卷,而《国家与革命》也被收录于第二版《列宁文集》的第 31 卷中,在第 1 至 116 页。同时,第 31 卷中也收录了列宁的"蓝皮笔记"即《马克思主义论国家》《未完成的〈关于国家的作用问题〉一文的材料》《〈国家与革命〉一书的提纲和纲要》。

第六章　在中国的传播与影响

1992 年，人民出版社根据《列宁文集》第 31 卷的译文以及排印内容，出版了《国家与革命》，共计 11.7 万字。由此，《国家与革命》拥有了 18 种中译本，成为中译本最多的列宁著作。1995 年，人民出版社出版了第 3 版的《列宁选集》。在该版本中，《国家与革命》被收录入第三卷的第 109 至 221 页。

进入 21 世纪以来，人民出版社于 2001 年 4 月出版了新版的《国家与革命》。在 2009 年出版的 5 卷本《列宁专题文集》中，《国家与革命》在两本中皆有收录，即《列宁专题文集·论马克思主义》和《列宁专题文集·论社会主义》。《国家与革命》的全文被收录在《列宁专题文集·论马克思主义》第 174 至 291 页，《国家与革命》第五章节选被收录于《列宁专题文集·论社会主义》第 23 至 42 页。

2012 年，人民出版社出版了《列宁选集》第 3 版的修订版，而修订的依据就是《列宁专题文集》。该版本仍然为四卷本，《国家与革命》全文被收录在第三卷的第 109 至 221 页。

2015 年 12 月，人民出版社再次出版了《国家与革命》的单行本，该版本是来自于中央编译局"马列主义经典作家文库"，16 开本。2017 年，人民出版社出版了《列宁全集》第二版增订版，总共为 60 卷。编者从补遗的角度，从《列宁全集补遗》辑录的文献中精选了 44 篇，共计 20 万字，以时间顺序分别编入第 2 版的《列宁全集》中，《国家与革命》的全文被收入在了《列宁全集》第二版增订版的第 31 卷中。

二、新民主主义革命、社会主义革命和建设时期的影响

这里所讲的社会主义建设时期,是狭义的社会主义建设,从时间上指的是社会主义改造完成后到改革开放之前的这个历史时段。之所以将新民主主义革命和社会主义革命和建设这两个时期放在一起进行讨论,其依据是从我国学界对于《国家与革命》的"研读模式"的变化出发的。从20世纪20年代到70年代末,"革命和阶级斗争"是时代主题。这个时期,人们对于《国家与革命》的研读,主要倾向于革命与阶级斗争的视角。这种以"革命"为主题的研究模式一直持续到中华人民共和国成立之后。改革开放以后,人们对于《国家与革命》的研读重点发生了根本性的变化,主要倾向于其中的社会主义建设和民主建设,是以"建设"为主题的研读模式。从之前的革命与斗争,到社会主义建设与发展,这两种完全不同的研读模式不仅反映了我国发展的阶段性变化,同时也代表了我国学界对于《国家与革命》文本认识的进一步深化。

毛泽东作为以"革命"为主题研读《国家与革命》的典范,早在20世纪20年代就接触《国家与革命》文本。1920年7月,毛泽东回到湖南开展建党活动,他在开办文化书社的同时还以此为基础建立俄罗斯研究会。文化书社的主旨,就是要"运销

第六章　在中国的传播与影响

中外各种有价值之书报"①。同年 12 月，毛泽东不断收到从上海共产主义小组寄来的马克思主义理论著作，以及刚刚创立的《共产党》月刊。《共产党》于 1920 年 11 月 7 日创刊，这是中共在上海创办的最早的党内机关刊物。毛泽东在自己阅读《共产党》月刊的同时，也将其中重点的文章推荐给长沙的有关报刊进行转载，如：《列宁的历史》、《劳农制度研究》等文章，而沈雁冰对于《国家与革命》第一章的翻译，就刊载在 1921 年 5 月出版的《共产党》第 4 号上。不难推断出，毛泽东在此时已经阅读过沈雁冰翻译的《国家与革命》。对于中国来说，这是《国家与革命》的首次汉译，对于毛泽东来说，《国家与革命》也是除《共产党宣言》之外他读过的最早且影响最大的马克思主义经典著作之一。

毛泽东首次将《国家与革命》的理论运用于中国革命的实际，是在 1926 年 6 月的第六届农民运动讲习所。毛泽东在讲授"农民问题"时提出："此时（按：指第二国际在第一次世界大战中提出'保卫祖国'口号时）列宁同志曾著《国家与革命》一书，把国家说的很清楚的。国家于革命后，一切制度都要改变的。巴黎公社所组织的政府，其失败原因之一，即不改变旧制度。以为重新建设一切的中国现在的国民政府，若夺了政权，必定改革一切的，重新建设的。国家是一个阶级拿了压迫别一阶级的工具。我们的革命民众，若将政权夺在手中时，对反革

---

① 陈方怡：《毛泽东与〈国家与革命〉》，《上海党史研究》1997 年第 6 期。

《国家与革命》精学导读

命者要用专制的手段，不客气的压迫反革命者，使他革命化，若不能革命化了，或赐以惨暴的手段，正所以巩固革命政府也。"①毛泽东的这些思想，很明显来自于《国家与革命》的第一章。毛泽东认为，要"改革"旧的国家制度，那就必须发动革命，夺取政权，建立全新的革命的政府，同时对于反革命者应该进行不客气的压迫，使他们革命化。如果不能使他们革命化，那么就"赐以惨暴"的手段，一定要保证政府的革命属性。在之后的日子中，毛泽东多次阅读列宁的《国家与革命》。红军长征胜利之后，毛泽东在延安广泛收集与研究马列主义著作。《国家与革命》被毛泽东反复研读，并且画圈做了批注。在解放战争时期，毛泽东再次重读《国家与革命》，并且在扉页批注道："一九四六年四月廿二日在延安起读。"毛泽东在这一遍的重读中，对于文章进行了仔细的标注，尤其是在文中讲暴力革命的这一部分中，他所标注的重点更多。

  在抗日战争与解放战争期间，毛泽东多次强调学习马列主义的重要性，要求全党学习马列主义著作。比如，在1942年11月全党整风运动期间，毛泽东在西北局高干会议上要求党的高级干部要读几十本马列主义的书。在1949年党的七届二中全会上，毛泽东列出了12种"干部必读"的马列著作，其中就包括了《国家与革命》。可见，列宁《国家与革命》一书对毛泽东的影响是十分深远的。而毛泽东以"革命"为主题的研读模式，

---

① 陈晋主编：《毛泽东读书笔记解析》上册，广东人民出版社1996年版，第260页。

第六章 在中国的传播与影响

也为《国家与革命》在中国的传播与研究起到了推动作用。

毛泽东在点评《国家与革命》时，阐述了中国当时的两个革命任务：第一，打破旧的国家制度，建立人民政府。"人民政府"一词，其实是对于"革命政府"一词的替换。毛泽东曾在1949年的《论人民民主专政》中，对"人民"一词进行了界定，"在中国，在现阶段，是工人阶级，农民阶级，城市小资产阶级和民族资产阶级"[1]。第二，对反革命进行压制，实现人民民主专政，维护人民政权，巩固人民政府。打破旧制度，建立人民政府在1949年就得以实现了。1949年后，主要是维护人民政权，巩固人民政府。这两个阶段任务的实现，使得《国家与革命》在当时成为中国人争相研读的革命著作。这一时期出版的针对《国家与革命》的解读，通篇都是谈论革命问题与无产阶级专政问题。

在这里，我们还需要做一个进一步的划分，将新民主主义革命时期对于《国家与革命》的宣传与研读和社会主义革命建设时期区分开来。因为在1919—1949年之间，对于《国家与革命》的解读虽然也倾向于"革命"的研读模式，但其主要观点是通过暴力革命的手段推翻旧的制度。中华人民共和国成立后至改革开放之前，对于其"研读"的重点基本放在建立无产阶级专政和革命斗争问题上。虽然其中也有论及无产阶级民主和国家消亡的问题，但是大多都被当作革命问题和无产阶级专政

---

[1]《毛泽东选集》第4卷，人民出版社1991年版，第1475页。

问题的附属问题加以阐述。

1955年,李光灿在《法学研究》发表《学习列宁的国家学说——介绍列宁著"国家与革命"一书》。对于列宁《国家与革命》的地位,他指出,"列宁的《国家与革命》,与马克思和恩格斯合著的《共产党宣言》、马克思的《哥达纲领批判》、恩格斯的《家庭、私有制和国家起源》,同是马克思主义国家学说的卓越的经典著作,是我们学习和研究马克思列宁主义关于国家问题基本理论的指南"①。该文章分为5个部分,分别为"国家的本质""关于革命必须破坏资产阶级的国家机器""关于无产阶级专政""关于无产阶级的国家形式""关于国家消亡的经济基础"。李光灿不仅从文本出发,也从实际出发,说明了阶级斗争的必要性。这篇文章,是当时具有标志性意义的一篇文章。

1975年,北京大学的哲军在《历史研究》上发表《必须加强无产阶级对资产阶级的专政》一文,其中写道:"重读《国家与革命》,感到分外亲切。列宁这部捍卫与发展马克思主义国家学说的伟大著作,是我们加强无产阶级对资产阶级的专政,防止资本主义复辟,争取更大胜利的锐利武器。"②对于毛泽东"革命"主题研读模式,哲军指出:"毛主席曾明确指出,在社会主义社会中,基本的矛盾仍然是生产关系和生产力之间的矛盾,上层建筑和经济基础之间的矛盾。又强调指出,社会主义社会

---

① 李光灿:《学习列宁的国家学说——介绍列宁著"国家与革命"一书》,《法学研究》1955年第2期。
② 哲军:《必须加强无产阶级对资产阶级的专政——读〈国家与革命〉》,《历史研究》1975年第1期。

还存在着阶级和阶级斗争，存在着社会主义和资本主义两条道路的斗争。单有经济战线上（在生产资料所有制上）的社会主义革命，是不够的，并且是不巩固的。必须还有一个政治战线和一个思想战线上的彻底的社会主义革命。在政治思想领域内，社会主义同资本主义之间谁胜谁负的斗争，需要一个很长的时间才能解决。"①

从上述两篇文章不难看出，在当时坚持无产阶级专政被当作了解决各种问题的首要手段。但是，随着革命时代的结束以及时代任务的变化，这种"革命"主题的研读失去了有效性。

三、中国特色社会主义建设时期的影响

改革开放之后，我国对于列宁《国家与革命》的研究也进入了一段相对冷淡的时期。究其原因，主要在于人们对列宁《国家与革命》的研读模式一直以来都是以"革命"为主题。在面对改革开放的新局面时，国家主要面临的问题是改革与建设问题，于是很多学者都转向了对于列宁晚年著述包括"政治遗嘱"的研究。

作为《国家与革命》的"续篇"，列宁晚年的社会主义思想，集中反映在1921年至1923年之间。列宁在1921年3月至1922年11月之间的文章包括：《十月革命四周年》、《论粮食税》、《新

---

① 哲军：《必须加强无产阶级对资产阶级的专政——读〈国家与革命〉》，《历史研究》1975年第1期。

《国家与革命》精学导读

经济政策和政治教育委员会的任务》和《论黄金在目前和在社会主义完全胜利后的总用》等。在 1922 年 12 月至 1923 年 3 月的文章,则是列宁生病之后口述完成的。其中包括:《论我国革命》、《论合作制》、《我们怎样改组工农检查院》,以及《宁肯少些,但要好些》等著作。列宁晚期著作的中心论题就是:如何推动政治、经济与文化落后的俄国向社会主义发展,如何建设社会主义。在该时期,列宁提出了十分丰富的社会主义建设思想。其中如:多种经济体制并存以及建立民主制度等构想,都为我国的社会主义建设,提供了坚实的理论依据。

何萍教授在其著作《近 30 年来中国人眼中的〈国家与革命〉》一文中说:"从重视《国家与革命》到重视'政治遗嘱',无疑是中国人研究列宁思想的一次重大转向,这一转向突出了列宁的社会主义建设思想,而淡出了列宁的革命思想。"[1]但是,她又提到"这一转向并没有为列宁思想研究带来新的繁荣,反而使列宁思想在中国的研究整个冷了下来"[2]。对于列宁思想研究的冷淡,可以明显地通过著作的断层体现出来。从发表的著作来看,在 20 世纪 80 年代之前,曾涌现大批对于列宁《国家与革命》的解读性著作,而且其内容主要是与无产阶级革命、无产阶级专政相关。这一现象从 19 世纪 50 年代开始,到 19 世纪 70 年代达到高潮。该时间段内,对于《国家与革命》解读

---

[1] 何萍:《近 30 年来中国人眼中的〈国家与革命〉》,《北大马克思主义研究》2013 年总第 3 辑。

[2] 何萍:《近 30 年来中国人眼中的〈国家与革命〉》,《北大马克思主义研究》2013 年总第 3 辑。

第六章 在中国的传播与影响

性的著作就达 27 本之多。

在 20 世纪 80 年代至 20 世纪 90 年代之间,我国关于《国家与革命》文本解读的专著大幅度地下降了。在此期间,只有一本专著出版,也就是 1980 年由江苏人民出版社出版的,由严宪宣编写的《〈国家与革命〉内容简介》。对于这一时期列宁思想研究出现"冷淡期"的根本原因,有论者指出:"苏联解体、东欧剧变改变了世界力量的对比,打破了第二次世界大战以来形成的国际社会主义阵营与资本主义阵营对峙的格局,为资本主义重建世界资本主义体系创造了条件,这些都极大地动摇了人们的社会主义信念,也使列宁思想的研究在世界范围内冷了下来。中国受到这一世界性思潮的影响,也在列宁思想的研究上冷了下来。"[1]针对国内学界当时将研究偏向于列宁"政治遗嘱"的现象,何萍教授认为"这就是对列宁思想的研究采取了一种非历史的观点。"[2]"从历史的观点看,列宁的经济建设思想和执政党建设的思想是以他的革命思想为历史前提的,抽去了这一历史前提,列宁的经济建设思想和执政党建设的思想就失去了历史合法性的论证。正是这样,当人们把《国家与革命》当作列宁的革命思想而搁置一边,人们对于列宁的'政治遗嘱'的研究也难以持续。"[3]

---

[1] 何萍:《近 30 年来中国人眼中的〈国家与革命〉》,《北大马克思主义研究》2013 年总第 3 辑。

[2] 何萍:《近 30 年来中国人眼中的〈国家与革命〉》,《北大马克思主义研究》2013 年总第 3 辑。

[3] 何萍:《近 30 年来中国人眼中的〈国家与革命〉》,《北大马克思主义研究》2013 年总第 3 辑。

《国家与革命》精学导读

在20世纪90年代,人们重新开始了对于《国家与革命》的研究。其主要原因在于,中国在当时完全进入了一个国家建设的新阶段,有中国特色社会主义市场经济的建立与广泛实施,带来的不只是社会经济的迅速发展和人民生活水平的日益提高,同时也带来了前所未有的新挑战。政治体制改革的问题,文化建设的问题,都使得当时的学者不得不重新思考列宁国家学说的意义。因此,对于列宁《国家与革命》的研究又重新开始了。这时中国学界对于《国家与革命》的解读,主要偏向于以"建设"为主题的解读。此时的解读,已经不是之前以孤立的视角看待《国家与革命》的思想了,而是将之与列宁的晚期思想相结合,联系中国社会主义建设的实际,对列宁的思想展开不同的专题性的研究,并运用到我国实际的社会与国家建设之中。《国家与革命》和列宁思想成为我国建立民主政治,实现政治体制改革的重要理论思想资源。不难看出,我国对于《国家与革命》的研究经过了由"热到冷再到思"①的阶段。同时,也能从《国家与革命》研究的转变,看到我国不断发展的社会历程。

进入21世纪,我国对于《国家与革命》解读与研究越发多了起来。胡兵曾在其著作《列宁〈国家与革命〉研究读本》一书中介绍道:"1955年至2015年收录进'中国知网'并在篇名中提到列宁《国家与革命》一书的中国学者的研究文献共计60

---

① 何萍:《近30年来中国人眼中的〈国家与革命〉》,《北大马克思主义研究》2013年总第3辑。

— 146 —

第六章 在中国的传播与影响

篇。"① 根据知网调查,至 2018 年,知网上以《国家与革命》为题名的文章增加到了 93 篇,与之前相比增加了 33 篇。研究的方向除了列宁的"国家观"之外,也呈现出了百花齐放的状态。在 2000 年之后,我国对于《国家与革命》的解读性著作也逐渐多了起来,其分别为:2001 年由中国少年儿童出版社出版的,由金海玉编著的《列宁与〈国家与革命〉》;2013 年由吉林出版集团有限责任公司出版的,由侯治水编写的《解读〈国家与革命〉》;2013 年由人民出版社出版的,何萍的研究专著《在社会主义入口处——重读列宁〈国家与革命〉》;2016 年由中央编译出版社出版的,由胡兵编写的《列宁〈国家与革命〉研究读本》。这些著作,尤其是后面两本研究著作,代表了中国学界对《国家与革命》研究的最新成果。

---

① 胡兵:《列宁〈国家与革命〉研究读本》,中央编译出版社 2016 年版,第 89 页。

第七章　在新时代的价值和意义

《国家与革命》一书，既蕴含了在帝国主义时代推进马克思主义时代化和俄国化的理论逻辑，也包含无产阶级革命和社会主义国家建设的经验教训。同时，还涵盖了马克思主义抵制错误社会思潮、坚持马克思主义的根本指导地位以及全面从严治党的宝贵经验。在新时代，列宁在《国家与革命》一书所阐述的基本思想，有助于我们深化对共产党执政规律、社会主义建设规律、人类社会发展规律的科学认识，对于更好坚持和发展中国特色社会主义，实现中华民族伟大复兴具有重要的理论价值和现实意义。

一、推进马克思主义时代化、中国化

《国家与革命》一书，是列宁根据资本主义进入帝国主义的时代特征，对马克思主义国家与革命学说的丰富和发展，是马克思主义时代化和俄国化的典范。在中国特色社会主义进入新时代的今天，重读《国家与革命》，把握蕴含其中的立场、观点和方法，有利于不断推进马克思主义时代化、中国化、大众化。

第七章 在新时代的价值和意义

1. 推进马克思主义时代化

列宁指出:"帝国主义是无产阶级社会革命的前夜。从 1917 年起,这已经在全世界范围内得到了证实。"①在十月革命前夕,列宁在深入考察俄国社会状况和世界革命形势的基础上,做出了无产阶级社会主义革命时代到来的论断。

列宁分别从国际和国内两个视角,对俄国所处的时代方位进行了分析。从国际视角来说,19 世纪末 20 世纪初,自由资本主义发展到了垄断资本主义阶段。尤其是第一次世界大战的爆发,少数资本主义发达国家发起了瓜分世界和争夺世界霸权的帝国主义战争,给世界人民造成深重的灾难。同时,无产阶级革命与殖民地人民争取民族解放的运动勃兴,世界无产阶级革命进入新阶段。帝国主义世界殖民体系把世界各国划分为压迫民族和被压迫民族两大阵营,被剥削被压迫民族争取民族独立的解放运动成为反抗帝国主义的一个重要力量。因此,帝国主义时代,既是少数发达国家瓜分世界和争夺世界霸权,实现其全球统治的时代,也是"成为无产阶级社会主义革命的时代",还是被压迫被剥削民族争取民族解放的时代。

从俄国视角来看,列宁批判了伯恩斯坦、普列汉诺夫、考茨基等人无视帝国主义时代的新趋势、新情况、新特征,机械、僵化地对待马克思主义的态度,否定了"超帝国主义"论断,将"多国胜利论"发展为"一国胜利论",从而为十月革命的爆

---

① 《列宁全集》第 27 卷,人民出版社 2017 年版,第 330 页。

《国家与革命》精学导读

发提供了理论指导。十月革命爆发前,在1905—1917年的俄国,国内政治力量犬牙交错,封建君主制的沙皇政府、资产阶级和无产阶级三股政治力量相互激荡。在这种复杂的斗争中,无产阶级关于国家和革命的问题被提上日程。1917年1月,罢工浪潮席卷俄国。二月革命虽然推翻沙皇专制,成立了资产阶级临时政府,但并没有改变俄国政治混乱、经济低迷、人民痛苦不堪的现状。俄国普通群众最迫切希望解决的土地、面包、和平三大问题依然没有解决。临时政府接连改组,依旧无法改变混乱的局面,先后发生了四月、六月和七月政府危机。但此时,以苏汉诺夫、普列汉诺夫、考茨基等人为代表的反对无产阶级革命的人认为,革命的条件尚不成熟。他们认为,俄国由于社会生产力水平低下,还没有达到马克思所说的社会主义革命的条件,只有在本国充分发展资本主义,进行财富积累,才能进行社会主义革命。列宁批判了这种错误的观点。他指出,革命形势蓄势待发,和平发展的道路已经走不通了,武装夺取政权的道路才是无产阶级政党的正确选择。在各种政治力量徘徊不前、无所作为时,列宁和布尔什维克党的作用日益凸显。俄国革命就在俄国社会"毫无出路"、广大群众"不愿照旧活下去"、统治阶级"不能照旧统治下去"的历史条件下发生了。列宁认为,俄国的社会主义革命、殖民地地区的民族解放斗争必然统一于世界无产阶级革命过程中,并以革命战争制止帝国主义战争。

列宁的帝国主义时代观,深刻揭示了帝国主义时代无产阶

第七章　在新时代的价值和意义

级革命及其同殖民地国家的民族革命关系以及无产阶级革命的斗争策略，既为俄国十月革命的胜利提供了理论指导，也为殖民地半殖民地国家民族民主革命提供了重要的理论依据。帝国主义时代观，是马克思主义时代化的理论成果和典型形式。列宁的时代观，对于正确分析当今时代面临的问题，揭示时代的本质和基本特征，以及把握中国特色社会主义所处的历史方位，具有重要的借鉴意义。

党的十八大以来，习近平总书记坚持以问题为导向，聚焦时代发展主题，厘清历史发展脉络，把握时代历史方位，提出了新时代观。在十九大报告中，习近平总书记明确指出："经过长期努力，中国特色社会主义进入了新时代，这是我国发展新的历史方位。"① 中国特色社会主义进入新时代，既是关于中国社会发展阶段的最新概括，也是马克思主义时代观在21世纪中国的最新发展。

习近平的新时代观，从中华民族复兴史、社会主义发展史、人类文明发展史三个维度，揭示了中国特色社会主义的全新历史方位。正如十九大报告所指出的那样，"中国特色社会主义进入新时代，意味着近代以来久经磨难的中华民族迎来了从站起来、富起来到强起来的伟大飞跃，迎来了实现中华民族伟大复兴的光明前景；意味着科学社会主义在二十一世纪的中国焕发

---

① 习近平：《决胜全面建成小康社会　夺取新时代中国特色社会主义伟大胜利——在中国共产党第十九次全国代表大会上的报告》，人民出版社2017年版，第10页。

出强大生机活力,在世界上高高举起了中国特色社会主义伟大旗帜;意味着中国特色社会主义道路、理论、制度、文化不断发展,拓展了发展中国家走向现代化的途径,给世界上那些既希望加快发展又希望保持自身独立性的国家和民族提供了全新选择,为解决人类问题贡献了中国智慧和中国方案。"① 具体说来,新时代的中国正处于"两个一百年"的历史交会期,不断向强起来的目标前进,不断焕发社会主义的生机与活力,不断为人类文明做出更大贡献。中国特色社会主义进入新时代,在中华人民共和国发展史上、中华民族发展史上具有重大意义,在世界社会主义发展史上、人类社会发展史上也具有重大意义。只有坚持马克思列宁主义的时代观,用马克思列宁主义的方法观察世界、解读时代,才能不断推进马克思主义时代化发展,更好构建21世纪的马克思主义。

2. 推进马克思主义中国化

1872年9月,马克思在《关于海牙代表大会》的演说中指出,未来社会发展道路"必须考虑到各国的制度、风俗和传统"②。也就是说,各国的无产阶级革命道路、社会主义建设道路都必须考虑自己的传统。如果想要使所有国家的革命、建设运动都采取统一的模式和道路,在理论上是荒谬的,在现实中也危害

---

① 习近平:《决胜全面建成小康社会 夺取新时代中国特色社会主义伟大胜利——在中国共产党第十九次全国代表大会上的报告》,人民出版社2017年版,第10页。

② 《马克思恩格斯全集》第18卷,人民出版社1964年版,第179页。

第七章 在新时代的价值和意义

甚大。在资本主义进入到帝国主义时代的历史条件下，列宁在继承马克思恩格斯思想的基础上，特别重视马克思主义理论与本国实际相结合。

在 1910 年 12 月发表的《论马克思主义历史发展中的几个特点》一文中，列宁便强调："恩格斯在谈到他本人和他那位著名的朋友时说过：我们的学说不是教条，而是行动的指南"[1]。在他看来，马克思主义不是一套现成的解决方案，也不是一个封闭的体系，而是一个开放的、不断发展的体系，是一套活的行动指南，具有鲜明的民族性。也就是说，马克思主义不是一成不变的教条，必须与实践相结合，并随着实践的发展而不断丰富。正因为如此，列宁将俄国的具体实践同马克思主义理论相结合，赋予其新的生命力，形成了俄国化的马克思主义，即列宁主义。其中，在关于无产阶级革命条件和形式问题上，列宁并没有教条地遵循传统的"多国胜利论"，而是创造性地把马克思主义运用于俄国实际，在分析帝国主义政治经济发展不平衡状况基础上，提出在经济文化比较落后的资本主义薄弱环节的俄国首先取得革命胜利的可能性，提出"社会主义可能首先在少数甚至在单独一个资本主义国家内获得胜利"[2]的理论。正是在这一理论指导下，取得了十月革命的伟大胜利，建立了苏维埃政权。

在关于落后民族国家的发展道路问题上，列宁坚持普遍性与特殊性的辩证统一关系，认为"一切民族都将走向社会主义，

---

[1]《列宁全集》第 20 卷，人民出版社 2017 年版，第 84 页。
[2]《列宁全集》第 26 卷，人民出版社 2017 年版，第 367 页。

《国家与革命》精学导读

这是不可避免的,但是一切民族的走法却不会完全一样,在民主的这种或那种形式上,在无产阶级专政的这种或那种形态上,在社会生活各方面的社会主义改造的速度上,每个民族都会有自己的特点"①。在论述无产阶级革命策略和路线时,列宁区分了对待压迫民族中的资产阶级和被压迫民族的资产阶级的不同战略和斗争方法,对于实施压迫民族中的资产阶级,是需要无产阶级打压的,对于被压迫民族中的资产阶级,是可以根据革命斗争的需要部分地团结的。在殖民地和半殖民地国家,无产阶级不仅要进行无产阶级革命,还要进行资产阶级民主革命。关于无产阶级专政方面,列宁提出了无产阶级党建思想,确立了坚持马克思主义理论为指导,坚持民主集中制的组织原则和密切联系群众的工作方法。

马克思主义俄国化的产物即列宁主义,对其他国家的马克思主义民族化产生了深远影响,尤其是为实现马克思主义中国化提供了重要借鉴。

第一,科学地认识马克思主义是实现马克思主义中国化的前提。列宁指出:"马克思和恩格斯的学说不是我们死背硬记的教条。应该把它当作行动的指南。"②列宁领导的布尔什维克党之所以能够取得十月革命的胜利,建立起世界上第一个社会主义政权,其根本原因就在于列宁充分运用马克思主义的世界观、方法论原则,结合俄国革命的具体实际和经济社会发展状况,

---

① 《列宁全集》第28卷,人民出版社2017年版,第163页。
② 《列宁全集》第35卷,人民出版社2017年版,第219页。

第七章 在新时代的价值和意义

与时俱进地运用和发展马克思主义。在 21 世纪的中国，继续完善和发展马克思主义需要科学对待马克思主义理论，既不能照搬照抄，也不能脱离中国实际状况。只有坚持问题导向，深刻把握中国特色社会主义实践中出现的新矛盾和新问题，在解决问题的实践中丰富和发展马克思主义理论，才能使马克思主义中国化落到实处。

第二，立足中国的具体实践和最大实际是马克思主义中国化的实践基础。马克思主义理论是立足现实基础上的理论，如若脱离了具体实际，便会导致马克思主义理论缺乏现实解释力。例如，20 世纪 70 年代末 80 年代初，中国共产党人立足客观实际，解放思想，做出我国处于并将长期处于社会主义初级阶段的科学论断，为坚持和发展中国特色社会主义奠定了基础，直到今天仍然是指导中国共产党制定一切方针政策的根本依据。党的十九大报告中，中国共产党人针对我国社会主义事业的新阶段、新特征，做出"一个转变、两个没变"的论断，强调我国社会主要矛盾已经发生转变，但是我国仍处于社会主义初级阶段的基本国情没有变，我国是世界最大发展中国家的国际地位没有变。这一判断，为明确新时代坚持和发展中国特色社会主义的基本方略和战略布局奠定了基础。在实现中华民族伟大复兴中国梦的过程中，我们要牢牢把握社会主义初级阶段这个基本国情，牢牢立足社会主义初级阶段这个最大实际，以经济建设为中心，不断解放和发展生产力，全面深化改革，调整生产关系中不适应生产力发展的环节，让制度更加成熟，让理论更加完善,让道路更加宽广。

第三,不断完善和发展马克思主义是马克思主义中国化的题中之义。列宁在帝国主义时代背景下,在俄国化的过程中,创造性地发展了马克思主义国家与革命的理论,丰富了无产阶级革命和无产阶级专政的学说,形成了列宁主义。同样,在21世纪的中国,历史经验和现实实践都要求将马克思主义理论与中国实际相结合,并在此基础上不断创新、发展。党的十八大以来,我国发展处在新的历史方位,我们推进的伟大事业提出了一系列重大理论与实践问题,归结起来就是新时代坚持和发展什么样的中国特色社会主义、怎样坚持和发展中国特色社会主义这一重大时代课题。以习近平同志为核心的党中央紧紧围绕这个重大时代课题,紧密结合新的时代条件和实践要求,进行艰辛理论探索,作出了科学系统的回答,形成了习近平新时代中国特色社会主义思想。这一科学理论,内涵丰富、思想深邃,涵盖新时代坚持和发展中国特色社会主义的总目标、总任务、总体布局、战略布局、发展方向、发展方式、发展动力、战略步骤、外部条件、政治保证等基本问题。习近平新时代中国特色社会主义思想,开辟了马克思主义新境界,是马克思主义中国化最新成果,是21世纪的马克思主义。

二、推进国家治理体系和治理能力现代化

列宁在《国家与革命》尤其是晚年探索中,比较系统地提

第七章　在新时代的价值和意义

出了社会主义国家治理的理论原则，开创了富有苏维埃特色的国家治理模式，探索出在落后的东方国家建设社会主义的规律。站在新的历史方位上，推进国家治理体系和治理能力现代化是关系党和国家事业兴旺发达的重大时代课题，也是 21 世纪科学社会主义事业发展的重大课题。

2019 年 10 月 28 日至 31 日，党的十九届四中全会围绕我国国家制度和国家治理现代化等重大问题做出了一系列新论断，在顶层设计层面回答了在国家制度和国家治理方面该"坚持和巩固什么、完善和发展什么"这个重大政治问题，标志着我们党对国家治理现代化问题的认识上升到了一个新高度，成为推进国家治理体系和治理能力现代化的政治纲领和行动指南。

1. 坚持和完善中国特色社会主义制度

"中国特色社会主义制度是党和人民在长期实践探索中形成的科学制度体系，我国国家治理一切工作和活动都依靠中国特色社会主义制度展开，我国国家治理体系和治理能力是中国特色社会主义制度及其执行能力的集中体现。"[1] 国家治理体系和治理能力的现代化的有效运行，离不开制度体系的保障，制度体系在国家治理过程中起到根本性的作用，决定了国家治理的基本性质和价值取向。因此，推进国家治理体系和治理能力

---

[1] 中国共产党第十九届中央委员会第四次全体会议公报，2019 年 10 月 31 日，http://www.xinhuanet.com/politics/2019-10/31/c_1125178024.htm。

现代化首先要坚持和完善中国特色社会主义制度。

新中国成立七十年来，我们党团结带领广大人民群众，在政治、经济、社会等方面创造了世界发展奇迹，使中华民族迎来了从站起来、富起来到强起来的伟大飞跃。实践证明，中国特色社会主义制度具有强大生命力和巨大优越性，是推进国家治理体系和治理能力现代化的根本制度指引。党的十九届四中全会系统描绘了中国特色社会主义制度的图谱，包括党的领导制度体系、人民当家作主制度体系、中国特色社会主义法治体系、中国特色社会主义行政体制、社会主义基本经济制度、社会主义先进文化制度、民生保障制度、共建共治共享的社会治理制度、生态文明制度体系、党对人民军队的绝对领导制度、"一国两制"制度体系、独立自主的和平外交政策与党和国家监督体系13个部分组成。中国特色社会主义制度图谱中的13个部分是相互联系的有机整体，坚持根本制度、基本制度、重要制度相衔接，坚持各领域的自我改革和完善，坚持社会各方面的集体联动和相互协调，是维持国家治理这一宏大体系运行有效的制度保障。

坚持和完善中国特色社会主义制度，要求我们从历史实践中总结经验，从现实矛盾中完善体系，从未来蓝图中挥旗指向。我们必须尽最大努力把我国制度优势更好转化为国家治理效能，为实现国家治理体系和治理能力现代化分"三步走"的总体目标奠定制度基础，使中国特色社会主义制度更加巩固、优越性充分展现。

第七章 在新时代的价值和意义

2. 以人民为中心,紧紧依靠人民治国理政

关于社会主义国家的管理形式,马克思恩格斯立足唯物史观的立场和方法,认为人民群众是历史的创造者,是国家的管理者,人民应该在无产阶级夺取政权以后,普遍参与到国家治理中。但是,在刚刚建成的苏维埃社会主义国家,由于经济文化发展的落后,不具备全民直接参与管理的前提和条件。对此,列宁在广大工农群众参与国家事务管理的民主权利的基础上,提出建立个人负责制,强调将责任落实到个人,以个人主动性推动集体利益的实现。这种管理体制,有利于充分发挥个人的积极性和主动性,是激发社会活力、进行有效社会治理的重要手段。

在我国,坚持以人民为中心的立场是我国社会主义制度优越性的根本体现,也是社会主义国家治理的鲜明特征。在党的十九届四中全会上,习近平指出,坚持以人民为中心,紧紧依靠人民治国理政是巩固党执政的阶级基础和群众基础的重要保障。要坚持和完善人民代表大会制度这一根本政治制度,增加基层人大代表的数量,扩大人民参与国家治理的广度和深度。坚持和完善中国共产党领导的多党合作和政治协商制度、民族区域自治制度和健全充满活力的基层群众自治制度这三个基本政治制度,在各方面扩大人民有序的政治参与,更加突出人民群众的主体地位,把人民群众作为改革发展和国家治理的主体力量。

《国家与革命》精学导读

习近平指出:"以人民为中心的发展思想,不是一个抽象的、玄奥的概念,不能只停留在口头上、止步于思想环节,而要体现在经济社会发展各个环节。"① 评价一个国家治理能力和治理体系的优劣,主要看人民是否能够有效参与国家的治理,是否作为国家治理过程中的主体力量发挥作用。坚持以人民为中心不仅要体现在理念上,更要体现在治国理政的具体实践中。

3. 构建高效能、服务型的政府治理体系

在马克思的国家理论中,国家机器的性质是其考察社会制度的一项重要尺度。马克思认为,无产阶级在夺取政权后,必须打碎旧的代表资产阶级利益的剥削性国家机器,构建代表广大人民群众利益的服务型政府或国家机器,以巩固无产阶级来之不易的政权。列宁在社会主义国家建设过程中,也对俄国旧有的国家机器进行了改造。十月革命后,列宁采取一系列国家机构改革措施,将国家机构中的带有封建性和资产阶级官僚性质的旧机构扔进了"历史的博物馆"。

列宁指出,妥善处理党的机关和国家行政机关的关系,提高管理能力和行政效率,精简国家机构,是社会主义国家建设的重要内容。如果国家机构过于臃肿,那么就容易滋生腐败、行政效率低下、上行下达受到阻碍,最终必然会导致苏维埃事业葬送到烦琐的公文案牍中去。因此,精简国家机构,提高行政效能,是维护国家机器良好运行的重要措施。

---

① 习近平:《习近平谈治国理政》第2卷,外文出版社2017年版,第213—214页。

第七章 在新时代的价值和意义

构建高效能、服务型的政府治理体系，进行国家机构改革是推进国家治理体系和治理能力现代化的一场深刻变革，是社会主义制度自我完善和发展的必然要求。国家机构和政府治理体系作为上层建筑的重要组成部分，需要根据经济基础、生产力的变化而不断完善和发展。当前我国正处于全面深化改革的重要时期，国家机构改革也是全面深化改革的重要内容，转变政府职能是机构改革的关键。党的十九届四中全会对坚持和完善中国特色社会主义行政体制，构建职责明确、依法行政的政府治理体系做出了明确说明。要以推进国家机构职能优化协同高效为着力点，健全部门协调配合机制，防止政出多门、政策效应相互抵消。力求从职能机构和组织行为上发挥中国特色社会主义制度的优势，把党的各项方针政策扎实地落实到社会的各个领域和各个环节，从组织机构运行上提高国家治理的有效性，使我国的制度优势切实转化为治理效能。

三、抵制错误思潮，坚守马克思主义意识形态高地

《国家与革命》中，列宁对无政府主义、机会主义等错误思潮的批判启示我们，"马克思主义所走的每一步都经历战斗"。在新时代，要坚决抵制错误思潮，坚持马克思主义指导思想；掌握意识形态话语权，占领意识形态阵地；认清资本主义国家本质，增强对社会主义国家的认同感。

《国家与革命》精学导读

1. 抵制错误社会思潮，坚持马克思主义指导思想

机会主义家的理论是脱离革命实际情况的，脱离时代发展特征的，他们仅仅看到了短时期的资产阶级革命，而没有看到很快就要到来的社会主义革命，特别是他们一味地抹杀革命，试图通过和平方式从资产阶级那里争得政权进行社会主义革命，将马克思主义国家理论虚无化。对此，列宁在批判机会主义错误的革命理论的基础上，宣传了马克思主义的正确的国家学说，帮助无产阶级可以在正确的理论指导下认清革命和国家的关系问题，搞清楚国家的本质和革命的态度。

列宁一方面批判和否定了资产阶级的剥削性质的意识形态，揭露其以维护资产阶级利益为根本目的，是虚伪的意识形态。在他看来，资产阶级的意识形态往往以自由、平等、民主等具有普遍性质的口号来向被统治阶级宣传资本主义制度的合理性和优越性，以此来消除无产阶级的反抗意识，维护资产阶级的根本利益，资本主义社会的稳定。例如，自由主义思潮宣扬绝对的自由和平等，认为只有绝对的自由才有纯粹的民主，而在无产阶级专政的社会主义国家，只有专制，没有自由。列宁针对这种社会思潮的危害，批判性地指出，"资本主义社会里的民主是一种残缺不全的、贫乏的和虚伪的民主，是只供富人、只供少数人享受的民主。"①

另一方面，列宁将意识形态进行资产阶级和无产阶级的划

---

① 《列宁全集》第 31 卷，人民出版社 2017 年版，第 86 页。

第七章 在新时代的价值和意义

分,提出"科学的意识形态"的概念,认为科学的意识形态与虚假的资产阶级意识形态、与宗教观念不同,它同客观真理一样,是绝对的,符合社会发展规律的。同时,列宁进一步对无产阶级的科学的意识形态进行了说明。他指出,不仅作为统治阶级的资产阶级有意识形态,无产阶级也有属于自己的意识形态,相比于资产阶级的那种虚伪的、遮羞布式的意识形态,无产阶级的意识形态或者被称为社会主义意识形态是科学的,它是以争取无产阶级的解放为目的,是符合自然规律、人类社会发展规律的,代表绝大多数人利益的意识形态,是鲜明的阶级性与科学性的辩证统一。

列宁用科学的无产阶级的意识形态对各种错误思潮进行批判,在一定程度上增强了马克思主义理论的现实解释力和影响力。如今,伴随着全球化的浪潮,各种思想文化涌入我国,国内的社会思想呈现出多元、多样的特点,同时各种错误思潮的危害性也日益凸显。面对这一形势,中国共产党直面挑战,把马克思主义理论作为指导思想,旗帜鲜明地运用马克思主义的立场和方法揭露新自由主义、历史虚无主义、"普世价值"等错误思想的本质,团结了全国各族人民,为中国特色社会主义事业始终沿着正确的方向前进提供了思想指引。习近平多次强调:"马克思主义是我们立党立国的根本指导思想。背离或放弃马克思主义,我们党就会失去灵魂、迷失方向。"①"中国特色社会

---

① 习近平:《习近平谈治国理政》第 2 卷,外文出版社 2017 年版,第 33 页。

《国家与革命》精学导读

主义是社会主义,不是别的什么主义。"① 对哲学社会科学而言,坚持以马克思主义为指导,是当代中国哲学社会科学区别于其他哲学社会科学的根本标志,是我国哲学社会科学坚定正确的政治方向和学术导向的思想政治保证。哲学社会科学工作者面对各种错误思潮,必须勇于发声,善于发声,用马克思主义的立场、观点、方法研究各种理论思潮,解决各种理论纷争。

2. 掌握意识形态话语权,占领意识形态阵地

正确的思想理论对无产阶级政党来说至关重要,它不仅是无产阶级政党内部成员增强凝聚力的思想保证,也是无产阶级政党对抗资产阶级统治的"批判的武器"。当时的俄国经济派只看到了工人阶级进行经济斗争,争取经济利益的作用,而忽视了工人阶级革命理论的重要性,导致工人运动一直处于自发、低迷的状态。列宁则指出,必须要在工人阶级中建立起革命的社会主义意识,而这种意识的形成需要以外部灌输的形式完成。"不是一种从这个斗争中自发地产生出来的东西。"② 工人由于自身的局限性,先进的社会主义意识不可能在工人阶级中自发地产生。"这种意识只能从外面灌输进去,各国的历史都证明:工人阶级单靠自己本身的力量,只能形成工联主义的意识。"③ 如果社会主义意识无法在工人阶级中占据主导地位,那

---

① 《十八大以来重要文献选编》上,中央文献出版社 2014 年版,第 109 页。
② 《列宁全集》第 6 卷,人民出版社 2017 年版,第 37 页。
③ 《列宁全集》第 6 卷,人民出版社 2017 年版,第 29 页。

第七章　在新时代的价值和意义

么就意味着资产阶级意识的胜利，无产阶级失去了意识形态的领导权。

掌握意识形态话语权，占领意识形态阵地也一直是中国共产党的重要任务。西方国家将自由、平等、人权等宣扬为"普世价值"，极力鼓吹资本主义制度的优越性、合理性和永恒性。在我国国内，有一部分人受到这种错误思想的侵害，导致非马克思主义和反马克思主义的思潮泛滥。习近平强调："意识形态工作是党的一项极端重要的工作，事关党的前途命运，事关国家长治久安。"[①]在意识形态领域，我们必须强化阵地意识、斗争意识，必须巩固马克思主义在意识形态领域的指导地位，巩固全党全国人民团结奋斗的共同思想基础。当年苏联亡党亡国、东欧剧变的重要原因之一，就是丧失了意识形态阵地和意识形态话语权。在事关意识形态领域政治原则和大是大非问题上，我们必须掌握主动、敢于亮剑。尤其是对那些肆意攻击党的领导和社会主义制度、歪曲诋毁党史国史的错误言论，必须敢于斗争，敢于发声，激浊扬清，牢牢掌握意识形态话语权，牢牢占据意识形态斗争的道义制高点。

3. 认清资本主义国家本质，增强对社会主义国家的认同感

《国家与革命》一书的一个重要理论就是对资本主义国家本质的分析及其历史发展趋势。列宁指出，马克思对资本主义国家历史发展趋势的分析是建立在对资本主义现实的考察基础上

[①]《十八大以来重要文献选编》上，中央文献出版社2014年版，第464页。

的,马克思不是凭借猜想和空想来预测资本主义的未来,正如他也不是以乌托邦的形式得出共产主义一定会实现一样。资本主义国家在推翻封建主义国家制度,发展生产力方面具有革命性的作用,但是随着资产阶级取得统治地位,资本主义国家的革命性逐渐被其剥削性、虚伪性代替,资产阶级政党用标榜自由、平等的"普世价值"掩盖其剥削性质,使部分人民群众受到迷惑。

因此,我们必须认清资本主义国家的剥削本质,用马克思列宁主义的国家学说武装头脑,指导实践。同时,还要明晰世界历史发展大势,以中国特色社会主义伟大事业所取得的成就坚定社会主义必然胜利的信念,增强对社会主义国家的认同感。正如习近平所指出的那样:"中国特色社会主义制度是当代中国发展进步的根本制度保障,是具有鲜明中国特色、明显制度优势、强大自我完善能力的先进制度。"[1]"当今世界,要说哪个政党、哪个国家、哪个民族能够自信的话,那中国共产党、中华人民共和国、中华民族是最有理由自信的。"[2]中国特色社会主义的国家自信,建基于中国特色社会主义制度的优越性。这种优越性首先体现为中国特色社会主义制度能够"集中力量办大事",具有强大的国家能力和效率。进入21世纪,尤其是2008年金融危机以来,西方国家制度的缺陷日益显现。西方国家三

---

[1] 习近平:《在庆祝中国共产党成立95周年大会上的讲话》,人民出版社2016年版,第13页。
[2] 习近平:《习近平谈治国理政》第2卷,外文出版社2017年版,第36页。

第七章 在新时代的价值和意义

权分立,实行两党制或多党制,往往使得国家权力机构之间、政党之间相互攻讦,效率低下。越来越多的人认识到,美国式的民主政治已经演变成了一种否决政体,国家能力被"党争民主"拖累,民主泡沫导致国家能力衰退。21世纪是国家构建和国家治理能力竞赛的世纪,对世界各国尤其是发展中国家而言,国家能力建设十分迫切。中国特色的人民代表大会制度,以及共产党领导的多党合作和政治协商制度,强调议行合一,实行民主集中制,以合作代替对立,以协商代替争斗,有效化解了民主与效率的矛盾。中国特色社会主义的国家制度,使得中国具有强大的国家能力,能办大事,能成大事。

四、全面从严治党,加强执政党建设

十月革命后,俄共(布)由带领无产阶级进行革命的革命党转为带领无产阶级进行社会主义国家建设的执政党。党的角色的转变意味着党的建设理论需要随着新的政权的建立而不断完善和发展,以加强执政党建设,巩固新生政权。

1. 坚持党的领导地位不动摇

"一党专政"理论是列宁对于无产阶级执政党的领导权问题的理论解答。十月革命后,社会革命党人和孟什维克一度对无产阶级专政进行猛烈指责,认为这是专制、集权的体现,不符合广大人民群众的利益。列宁面对责难,指出没有党的领导,

《国家与革命》精学导读

俄国无产阶级革命的胜利就无从谈起,也就没有苏维埃政权的建立。坚持党的领导地位是革命胜利和政权巩固的根本保障。

"党是最高政治领导力量"是中国共产党对坚持党的领导地位在政治层面的表述。中国特色社会主义的本质特征和最大优势在于中国共产党的领导。邓小平指出:"在中国这样的大国,……没有这样一个党的统一领导,是不可能设想的,那就只会四分五裂,一事无成。"①回顾二战以来的世界历史,可以看到很多发展中国家虽然一度实现经济社会的快速发展,但很快陷入"中等收入陷阱",经济凋敝,社会分化,政局动荡。一个重要的原因,就在于缺乏一个强有力的政党领导。反观中华人民共和国成立 70 年来,虽然在不同历史时期出现了各种风险和挑战,但是由于有中国共产党这一坚强有力的领导核心,他们有效应对了各种考验和危险,顺利地推进了社会主义建设,乘风破浪,高歌猛进。在党的十九大报告中,习近平明确指出:"党政军民学,东西南北中,党是领导一切的。"②坚持中国共产党是最高的领导力量,意味着中国的政治体制不是西方那种多党轮流执政,避免了由政党间利益、政策的不同而带来的社会动荡。在新的历史方位上,中国特色社会主义伟大事业需要有坚强的党来领导,需要坚持党的领导以确保各项方针政策始终代表最广大人民的根本利益,确保中国在复杂多变的世界大

---

① 《邓小平文选》第 2 卷,人民出版社 1994 年版,第 341—342 页。
② 习近平:《决胜全面建成小康社会 夺取新时代中国特色社会主义伟大胜利——在中国共产党第十九次全国代表大会上的报告》,人民出版社 2017 年版,第 20 页。

第七章 在新时代的价值和意义

势中始终走在时代前列。

2. 思想建设上,推进马克思主义理论教育

学习马克思主义理论,用理论武装头脑是无产阶级政党保持先进性的思想保证。苏维埃政权建立后,俄共(布)的部分党员干部受资产阶级和党内反动派错误思想的侵蚀,产生消极腐败现象。列宁认为这种现象产生的根本原因在于党员干部思想建设贫乏,马克思主义理论素养缺失,党的理想信念不坚定。为此,列宁曾指出,对提高普通党员的马克思主义理论教育和文化水平给予足够的注意和提供人力。例如,创办党的理论刊物,提供宣传马克思主义理论的平台;增加党校数量,对党员进行定期的理论培训等。这一系列措施有效地提高了俄共(布)党员的理论水平和政治素质。

习近平在加强全党学习马克思主义理论的基础上,提出了建设新型马克思主义政党的思想。他指出:"运用马克思主义基本原理指导中国的事情是我们的看家本领。"[①] 为此,广大党员首先要埋首经典,在经典中感受马克思主义的强大的理论力量,并据此武装头脑,提高自身的理论水平。把握从经典中获得的关于人类社会发展规律、关于社会主义国家建设、关于党的建设的理论、关于实现人类自由解放等一系列经典理论,并结合党员自身的工作实际,指导具体实践。同时,还要坚持问题导向,以问题促进学习,通过学习借以解决问题。带着在实际工

---

① 习近平:《在全国党校工作会议上的讲话》,人民出版社 2016 年版,第 14 页。

作中遇到的问题,潜在的问题和如何解决实际问题的思考,深入学习研究马克思主义理论,从马克思主义的经典理论中找到其现实解释力。

3. 从严治党,保证党的先进性

严肃党纪、从严治党,保证党的先进性既涉及党的组织建设,也涉及党的作风建设。要纯洁党的队伍,保障党员质量,密切联系群众。

一方面,列宁指出维护党组织的先进性和纯洁性首先要注重党员的质量,这是关乎党的整体素质的重要方面。列宁指出:"才不追求党员数量的增加,而注意党员质量的提高和清洗'混进党里来的人'。"[1] 为此,经列宁同意,俄共(布)重新修改了党的章程,对发展党员的推荐人、方式、数量、条件提出更严格的要求。列宁还提出"预备期"概念[2],入党人员在预备期会接受严格审查,一旦出现个人品质问题,将不予入党,从源头上杜绝了党员腐化的问题。中国共产党党章中明确规定"发展党员,必须把政治标准放在首位"。党员的质量高低,关乎中国共产党事业发展如何,关乎能否为建设社会主义现代化提供有力的后备人才队伍和强有力的组织保障。坚持和维护党组织的先进性和纯洁性,要严把发展党员入口关,杜绝"带病入党""近亲繁殖",保证党员质量,优化党员结构,为中国特色社会

---

[1]《列宁全集》第37卷,人民出版社2017年版,第217页。
[2]《列宁全集》第43卷,人民出版社2017年版,第16页。

第七章 在新时代的价值和意义

主义事业提供新鲜而健康的血液。

另一方面,党的作风不良就会导致脱离群众,贪污腐败,搞个人主义、官僚主义和团团伙伙。为此,列宁采取建立群众来访制度、成立监察委员会、实行集体领导制等措施,纠正官僚主义、腐败风气,改善党群关系,巩固新生政权。在我们党的近百年发展史上,党的作风建设是党的建设这一伟大工程的永恒主题,中国的革命、建设、改革之所以能够取得如此伟大的成就,其经验中就贯穿着加强党的作风建设的优秀经验。党的作风关乎党的形象,关乎人心向背,是观察中国共产党是否赢得民心、政权是否巩固的指示针。党的作风建设的核心就是保持同广大人民群众的血肉联系,以人民心、百姓心为心,以中国共产党党员过硬的本领,廉洁的作风,充满魅力的人格赢得党心民心,这是马克思主义政党鲜明的政治立场和政治底色。